U0099495

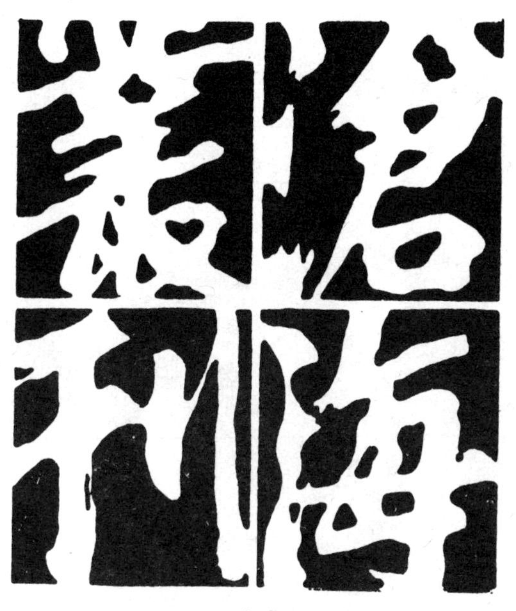

內心悅樂之源泉

吳經熊 著

東大圖書公司 印行

©內 心 悅 樂 之 源 泉

著　者　吳經熊
發行人　劉仲文
著作財產權人　東大圖書股份有限公司
總經銷　三民書局股份有限公司
印刷所　東大圖書股份有限公司
地址／臺北市重慶南路一段
六十一號二樓
郵撥／〇一〇七一七五——〇號
初　版　中華民國七十年九月
六　版　中華民國八十一年十月
編　號　E 19012
基本定價　叁元壹角壹分
行政院新聞局登記證局版臺業字第〇一九七號
著作權執照臺內著字第一九六六一號

有著作權・不准侵害

ISBN 957-19-0205-5（平裝）

中國哲學之悅樂精神

吳經熊英文原著
朱秉義中文翻譯

中國哲學有三大主流，就是儒家、道家和釋家，而釋家尤以禪宗爲最重要。這三大主流，全都洋溢着悅樂的精神。雖然其所樂各有不同，可是他們一貫的精神，却不外「悅樂」兩字。一般說來，儒家的悅樂導源於好學、行仁和人羣的和諧；道家的悅樂在於逍遙自在、無拘無礙、心靈與大自然的和諧，乃至於由忘我而找到真我；禪宗的悅樂則寄託在明心見性、求得本來面目而達到入世、出世的和諧。由此可見，和諧實在是儒家、道家、和禪宗三家悅樂精神的核心。和諧原是音樂的用語，有和諧就有悅樂。禮記樂記說：「樂者，樂也。」也就是這個意思。我想，天下之至樂，莫過於研究三家不同的悅樂方式，**並將它們融爲一爐而合成一個大和諧。**

一、儒家的悅樂

論語一開頭便洋溢着悅樂的氣氛，而譜出孔子人生哲學的全音程：

子曰：「學而時習之，不亦悅乎？有朋自遠方來，不亦樂乎？人不知而不慍，不亦君子乎？」

從這句話裏，我們可以體會到讀書的樂趣、友誼的樂趣以及修養自己的人格而不求人知的樂趣。孔子曾經形容他自己說：「其爲人也，發憤忘食，樂以忘憂，不知老之將至。」這就是夫子內心悅樂的眞情流露。

孔門弟子中，孔子最喜愛顏回。他曾經讚美顏回說：「賢哉，回也！一簞食，一瓢飲，在陋巷，人不堪其憂，回也不改其樂。賢哉，回也！」（雍也）這顯示孔子所最欣賞的是內得於心而非外取於物的悅樂境界。實際上孔子曾經自述其志說：「飯蔬食、飲水，曲肱而枕之，樂亦在其中矣！不義而富且貴，於我如浮雲。」（述而）

孟子乃是闡述孔子學說最有力的人物，從孟子的著作中，我們可以窺見儒家悅樂精神的根源。孟子對於悅樂哲學最大的貢獻，就在於他的人性本善的學說。因爲人性是天生就善的，所以人之可貴在於內不在於外。人性是天所賦予的，裏頭就有仁義禮智的根苗。我們只要把這個根苗好好地培植，使它發達到極點，我們的人格也就完成了；這樣，我們就有了至可寶貴的天爵。孟子說：「君子所性，雖大行不加焉，雖窮居不損焉，分定故也。君子所性，仁義禮智根於心，其生色也，睟然見於面，盎於背，施於四體，四體不言而喻。」（盡心上）

孟子又說：「萬物皆備於我矣！反身而誠，樂莫大焉！」（盡心上）人性固然是天賦予的，而宇宙也是天所創造的，二者既然是從同一個源頭發出來的，所以它們之間，非但沒有阻隔，反而是一氣貫通的。我們如能充分發展我們所稟的天賦，一定可以達到「天人合一」和「心物合一」的境界，也就可以事天了。從這裏我們看出，孔子的人文主義，是具有形上和宗教基礎的。

儒家人文主義最美的地方，在於它既熱情而又豁達，凡是人們所關心的事物，它沒有不關心的；而凡是人類所有正常的感覺與情慾，它也一概不予摒棄。儒家尋求人倫的和諧，當其形諸詩歌，同情心的溫馨四溢，使人感到莫大的興奮。孔子最喜歡誦讀詩經，這裏頭也有上乘的愛情詩，例如「風雨」，就是一篇敘述夫婦久別重逢的歡欣之愛情詩：

風雨淒淒，雞鳴喈喈，既見君子，云胡不夷？
風雨瀟瀟，雞鳴膠膠，既見君子，云胡不瘳，
風雨如晦，雞鳴不已，既見君子，云胡不喜？

我覺得這首可愛的詩歌，不但表達了眞切的愛情，而且無意中也道出了崇高的人生哲學。因爲戀愛中的情人，儘管處在逆境裏，內心仍然是快樂的。中國俗語說得好，「夫妻恩愛，討飯應該」。我要再引一首求愛的詩，來供諸位欣賞：

投我以木瓜，報之以瓊琚；匪報也，永以爲好也。
投我以木桃，報之以瓊瑤；匪報也，永以爲好也。
投我以木李，報之以瓊玖；匪報也，永以爲好也。

這首詩（木瓜），同樣給我一種美的理想。愛情是不能用物質來報答的，只能以愛換愛。物質上的餽贈，只是一種象徵罷了。

整個說來，儒家所關心的是傾向於倫理和實際的生活，而其悅樂的根源，在於做人的踏實盡職。這可從孔子的高弟曾參的名言看出來：「吾日三省吾身，爲人謀而不忠乎？與朋友交而不信乎？傳不習乎？」

曾參的天賦並不高，可是他努力遵行孔子的敎訓，而成爲公認的孔門傳人。他臨終時召集門人說：「啓予足，啓予手。詩云：『戰戰兢兢，如臨深淵，如履薄冰』。自今而後，吾知免夫。小子！」諸位可以體會出曾子當時一刹那間所感覺到的眞樂。

孔子常說「參也魯」。可是由於具有堅忍不拔的精神，曾子在生命將近完結時卻表現出他平生的修養工夫。他那像泰山巖巖的人格，也的確有其獨到的沉雄與壯美，使我不禁想起基督門徒中的聖彼德來。

顏回死在孔子之前，確實是太可惜了。從孔子及別人的談話中，我們了解他深深體會了智慧的樂趣。在他身上，智慧乃是道德行爲的活泉。顏回偉大的地方，可以從曾參對他的回憶看出來：「以能問於不能，以多問於寡，有若無，實若虛，犯而不校，昔者，吾友嘗從事於斯矣。」我們從顏回的本性中，似乎看到儒家忠於道德生活與道家愛好沉思冥想的融和。

儒家最高的境界爲對人一視同仁，即是具有「以天下爲一家，中國爲一人」的胸襟，自然達到己立立人、己達達人的理想，這才是人生的至樂。因爲這個時候，人我已無藩籬之隔，胸懷坦蕩，已經達到了「人之有技，若己有之；人之彥聖，其心好之」的境界了。這和下引哥德的詩句相通：

如能珍視他人優點
如自己之優點，
以人之樂爲己之樂，
才是世上最快樂的。

這也就是聖保祿所說的「人樂亦樂，人泣亦泣」的境界。

在這裏，可能有一個問題，「人樂亦樂」，固然可以說是一大樂事。至於「人泣亦泣」，難道也可以說是樂事嗎？對於這個問題的答案，王陽明先生說得最爲透澈。有一次有個學生問陽明先生說：「樂是心之本體，不知遇大故於哀哭時，此樂還在否？」他的回答是最有意義的了。他說：「須是大哭一番方樂；不哭，便不樂矣。雖哭，此心安處，都是樂也，本體未嘗有動。」（傳習錄卷下）從這一點看來，顯然儒家的悅樂精神，來自認眞做該做的事以及分擔別人的憂苦。

二、道家的悅樂

道家的視野，甚至比儒家來得遼闊。如果說儒家將人類看作一家，那麼道家就把整個宇宙視爲一體，如果說儒家從人際關係的和諧中找到快樂，那麼道家就是從人與大自然的和諧中找到快樂了。由於道家多是神祕主義者，因此很難介紹其微妙的見地以及追尋其可望而不可卽、正言若反的論調。也許莊子這位老子以後最偉大的道家下面的一句話，最足表達道家境界的精蘊：「天地與我並生，萬物與我爲一。」這個基本的卓見，乃是打開一切冥想寶庫的鑰匙。這些冥想都是耐人尋味的，也可以說是道家樂趣的源頭。

我已經告訴過諸位，孔子說過「不義而富且貴，於我如浮雲」的話。道家似乎更進一步，一切富貴，不管以其道或不以其道得之，一概視如敝屣，就如莊子說，有道之人，「藏金於山，藏珠於淵；不利貨財，不近富貴；不樂壽，不哀夭；不榮通，不醜窮；不拘一世之利以爲己私分，不以王天下爲己處顯；顯則明萬物一府，死生同狀。」（天地）

道家所持觀點，頗像莎翁在「哈姆雷特」一劇中借哈姆雷特之口論評何瑞修（Horatio）那樣：

……因爲你這人能夠在含辛茹苦之際，泰然自若；無論來了命運的打擊或獎勵，你是同樣的欣然接受；理性與感情調劑得這樣勻稱，不是命運之神的手指所能任意吹弄的筆管，這樣的人真是幸福啊。給我一個不做感情的奴隸的人，我便把他藏在心裏，不，在心窩裏，像我對你這樣。（「哈姆雷特」，第三幕，第二景，引用梁實秋先生譯文）

像何瑞修這樣人物，就是老子心中所最欣賞的，因爲他也能將禍福一體看待。老子說：

善者吾善之，
不善者吾亦善之，
德善也；
信者吾信之，
不信者吾亦信之，
德信也。（老子第四十九章）

老子同莎翁一樣，都體會出人生正反兩面相通之處。因此他又說：「禍兮福之所倚，福兮禍之所伏。」（老子第八十五章）這和莎翁所見，眞是如出一轍：「人生是雜色毛線織成的布，善與惡編織在一起。」（「皆大歡喜」，第四幕，第三景）由於一切事務傾向「反面進行」，因此運氣來時不必高興，倒運時也不必憂慮。這就是道家順乎自然、無入而不自得的樂趣。莊子說：「古之得道者，窮亦樂，通亦樂，所樂非窮通也。」（讓王）

如果瞭解「萬物一府」的道理，那麼，自然的寶藏、日月星辰全都屬於你，整個宇宙也都屬於你，這全在你一念之間。道家的教訓，可以歸結爲幾句似非而是的話，就像基督教神祕主義者十字聖若望所說：「不想佔有，無所不有；沒有物慾，事事滿足。」聖若望並沒有讀過道家的文獻，可是所有神祕主義者所想所說全都一樣，卻是眞理。

道家的樂趣，就是超然、天馬行空之樂。如果說儒家的樂是充實之樂，那麼道家之樂便是空靈之樂。前者之樂，來自努力與行動；後者之樂，則來自無爲與恬淡。前者屬於人羣的，後者則屬於宇宙的。前者像多天裏溫暖的陽光，後者則像炎夏裏涼爽的陣雨。

道家思想，可以說是最適於藝術家和詩人的氣質，大部份中國詩人，都從它汲取到創作的靈感。李白可說是此中翹楚，下面一首詩可爲明證：

處世若大夢，胡爲勞其生。

所以終日醉，頹然臥前楹。
覺來眄庭前，一鳥花間鳴。
借問此何時，春風語流鶯。
感之欲嘆息，對酒還自傾。
浩歌待明月，曲盡已忘情。

——春日醉起言志

李白就像波斯詩人奧瑪‧凱耶姆（Omar Khayyam）一樣，利用哲學和酒來冲淡人生的煩惱，而歸本於自然。以下另一首可愛的小詩，描繪他與友人共度一個美麗的黃昏：

滌蕩千古愁，留連百壺飲。
良宵宜清談，浩月未能寢。
醉來臥空山，天地卽衾枕。

——友人會宿

道家另一動人的地方，是瞭解處愚的重要性。老子曾經把他自己形容得很有趣：

眾人皆有餘，而我獨若遺。
我愚人之心也哉！沌沌兮！
俗人昭昭，我獨昏昏。
俗人察察，我獨悶悶。
澹兮其若海，飂兮若無止。
眾人皆有以，而我獨頑似鄙。
我獨異於人，而貴食母。（老子第二十章）

這種幽默的心境，只有辛棄疾下面一首詩，最能描繪、表達它的神韻來：

老病那堪歲月侵，霎時光景值千金。
一生不負溪山債，百藥難醫書史淫。
隨巧拙，任浮沉；
人無同處面如心。
不妨舊事從頭記，
要寫行藏入笑林。

以下再引一詩，以見道家萬物一體之一端：

歲去換愁年，春來物色鮮。
山花笑綠水，巖樹舞青烟。
蜂蝶自云樂，禽魚更可憐。
朋遊情未已，徹曉不能眠。

這是寒山的詩，他雖然是釋家，其詩卻有道家的風味。其實，道與禪是互相啓發的。

談到道家在自然懷抱中找到樂趣，我必須指出他們對自然的觀念，遠非近代西洋的自然主義所能比。對於道家來說，自然的源頭，就是「天」與「道」。莊子說：「與人和者，謂之人樂；與天和者，謂之天樂。」（天道）精確地說，因爲莊子與天諧和，乃能洞徹自然的奧祕。從莊子最後的一章（天下篇），也許是他的一個學生所執筆的，我們清楚地看到一派宗師風範的莊子：「獨與天地精神往來，而不傲倪於萬物。不譴是非，以與世俗處。上與造物者遊，而下與外死生无終始者爲友。」

可是莊子如何超脫生死呢？他把生看作大夢，把死看作大醒。他說：「方其夢也，不知其夢也。夢之中，又占其夢焉，覺後知其夢也。且有大覺，而後知此其大夢也。而愚者自以爲覺，竊竊然知之。君乎牧乎，固哉！丘也與女皆夢也；予謂女夢，亦夢也。」（齊物論）

莊子並非是個作夢的人，毋寧說他比誰都清醒，因此他能夠從現實的人生中看出更深一層的眞實。說「人生如夢」和「人生似幻」是絕不相同的。在莊子看來，即使是夢，也有幾分眞實，只不過不像淸醒時那麼眞切而已。可是與我們的大覺一比較，淸醒的人生也就變成大夢了。下面所引莊子做過一個有趣的夢的故事，是最好的說明：

「昔者莊周夢爲蝶蝴，栩栩然蝴蝶也。自喻適志與，不知周也。俄而覺，則蘧蘧然周也。不知周之夢蝴蝶，蝴蝶之夢周也？周與蝴蝶，則必有分矣，此之謂物化。」

莊子以爲，只有在大醒時我們才懂得眞實的人生。由於他全副精神貫注於大醒的境界中，因此臨易簀時對於遺體埋葬的問題毫不在乎。聽到學生們要爲他舉行盛大的葬禮，就對他們說：「吾以天地爲棺槨，以日月爲連璧，星辰爲珠璣，萬物爲齎送，吾葬具豈不備耶！何以如此？」弟子說：「吾恐烏鳶之食夫子也。」莊子說：「在上爲烏鳶食，在下爲螻蟻食，奪彼與此，何其偏也？」（列禦寇）莊子死時就同他生一樣，自由自在，無拘無束。

總而言之，每個人心中都具有儒家和道家的氣質，只是成份上深淺不同而已。不過要成爲一個完全的人格，必須把兩者調和得恰到好處，才能達到圓融的境界。愛默生在他的日記上說：「在我們看山不是山的時候，這證明我們內心是達到很高的境界。可是當我們爲正義、仁愛而奮鬥時，一切事物又顯得平平實實了。」在這裏他暗示「超脫」與「現實」必須兼而有之，也就是道家與儒家的融和。

回敎神祕主義派詩人沙地（Sadi）有句詩說：

虔誠敬神的人
聽到水車聲響也會出神。

多動人的詩句！可是在熱鬧的街上我們可得當心，千萬別沉醉出神才好。聖保祿在寫哥林多後書時似乎表現出融和道家、儒家學說的意味：「蓋吾人之醉，爲天主也；而吾人之醒，爲爾曹也。」（哥林書，第五章，第十三節）由於上帝的恩典和他自已的天才，聖保祿業已超越一切，也擁有一切。他的「使我無愛德，而徒能操萬國之音，作天神之語，猶鳴鑼擊鈸而已矣」的話，使我想起孔子相類的說法：「人而不仁，如禮何？人而不仁，如樂何？」聖保祿也使我想到道家的超然與天馬行空。請看他寫給菲律比人的書信：「望爾等常能怡然自樂於主之懷中；予且重複言之，爾固宜常怡然自樂。……蓋就予一已言之，實已修得隨遇而安、知足常樂之境。窮約之味，予固知之；寬裕之味，予亦知之；一切境遇，予已窺其堂奧，測其深淺，外物何有於我哉。故溫飽可也，凍餓亦可也；有餘可也，不足亦未始不可也。總之，予恃全能之主，故能應付萬變，遊刃有餘耳！（菲律比人，四章，四節，頁十一—十三，譯文引用吳經熊譯新經全集）

三、禪宗的悅樂

佛敎過去被西方認爲是悲觀的和虛無論者的人生哲學，對於小乘而言，也許不錯；可是大乘絕非如此，因爲它有涅槃的積極觀念、救世的熱情以及普渡眾生的慈悲。佛敎的樂，除基督敎外，是無可比擬的。這種菩薩的樂，是從施樂於眾生而來的。自己開悟以後，他們都亟願普渡世人。他們的精神氣度，與聖·佛蘭西斯（St. Francis）極爲接近。他曾經禱告說：

主呀，把我作成您和平的工具；
在有憎恨的地方，讓我播下愛意；
在有憤怒的地方，讓我播下寬恕；
在有懷疑的地方，讓我播下信心；
在有失望的地方，讓我播下希望；
在有黑暗的地方，讓我播下光明。

當然，禪宗是在大乘的衝擊下形成的，並且因而承襲了它寬宏大度的氣象。不過，就其敎訓的內容與思維的模式而言，則純粹是中國的，因爲它融洽了道家的空靈與儒家的人道於一爐。心理學家容格博士（Dr. C. G. Jung）說得好：「禪是中國人的精神花朵，它在廣大的佛教思想界中孕育而成。」

就某種意義來說，禪是對佛教的一種大革命。傳統佛學教訓它的信徒歸依佛、法、僧三寶，而中國禪宗的始祖慧能卻叫人歸依覺、正、淨三寶。事實上，這是一種自信的訓練。我們可以把它的教訓概述如下：「內調心性，外敬他人，是自歸依也。」當然，最重要的，在能見性開悟。因此，禪宗的樂趣，在於自已開悟和覺悟他人。可是，這種開悟卻如電光火石般，悄然而至。也許可用冥思與修道來作心理上的預備，可是這不過是醞釀開悟的過程而已；我們是沒法子逼迫它和期望它的，因爲它飄忽如風，極難把握；它會像竊賊般偷偷地光顧，絕不會像客人那樣應邀準時而至。不過你一抓住這個竊賊，便發覺他是捉弄你的好友了。

這種飄忽不定、不可捉摸的性質，也正是頓悟的特色。梅花尼有一首小詩，最能表達出它的意境：

> 終日尋春不見春，芒鞋踏破嶺頭雲。
> 歸來笑撚梅花嗅，春在枝頭已十分。

這表示眞悟只在家中就可獲致。可是，不離開家，你就無法體會到家的溫暖。就這方面來講，莊子的逍遙遊也許就是歸家與找到眞我的過程。老子說：「大曰逝，逝曰遠，遠曰反。」當你從月亮看地球，你才知道地球確是天體的一部，所以旅行月球最大的用處，在於激起你歸家的願望。同樣，莊子的逍遙遊也應能激起徹悟自性（亦即歸返本家）的渴望。這就是慧能所說的「自性能含萬法是大」。慧能並進一步說：「三世諸佛，十二部經，在人性中本身自具有。」這種偉大的思想，顯然是孟子人生哲學的發揮。宋儒陸象山說過，「學苟知本，六經皆我註腳」。顯然他受到禪宗的影響。

宋朝禪師淸遠認爲學禪有二病，亟應避免：一是騎驢覓驢，一是騎驢不肯下。騎驢覓驢的弊端易見，當你的內心追逐外物時，必定置內在於不顧，因而所求徒勞無功。天國原在你心中，你竟然一味向外尋求，世上多少煩惱事，無非由於這種本末顚倒而致之。第二種毛病則比較微妙而難治，現在你不再向外尋求，你自已知道騎在驢背上，你已經深切體會到內心的安寧遠比從外物所得的樂趣更爲甜蜜。可是最危險的是由於你過分迷戀它，反而會完全失去它，這就是淸遠禪師所說的「騎驢不肯下」，也是一切宗敎冥思者的通病。已故的默燈神父（Thomas Merton）在冥思的種子（Seeds of Contemplation）一書中曾經指出同樣的陷穽，並提出忠告說：

「在嚴密保護下牢不可破的內心寧謐中，存在着一種無窮興味的純樸。不過，你如果想握住它，便芳香全失了。因此，你不可想伸手去把它整個抓住。也就是說，你不可觸摸它或是想佔有它。」

「你不能有所求，也不能有所戀，更不能有所取；你一想到佔有，便會失去你的樂園。」

換句話說：快樂只是發現眞我時意外的收穫，可是如果我們過分迷戀它的話，我們就會再度失去自我。因此，淸遠最後勸我們：「不要騎驢，因爲你自己就是驢，整個世界也是驢，你無法騎它的；要是你不想騎它，全世界才會任由你馳騁。」

現在我們來談一些開悟的實例。馬祖道一（七〇九—七八八）未開悟以前曾在一所寺廟附近的一間小庵學坐禪，其時該寺（南嶽般若寺）的住持爲懷讓（六七七—七四四）看出馬祖是個可造的法器，便去問馬祖說：「你學坐禪，爲的是什麼？」馬祖回答：「要成佛。」於是懷讓便拿了一塊磚頭在馬祖的庵前磨，過了一會兒，馬祖不禁好奇地問：「請問你磨磚作什麼？」懷讓回答：「磨磚作鏡呀！」馬祖不禁詫異的說：「磚怎能磨成鏡呢？」懷讓反駁說：「磚不能磨成鏡，坐禪又怎能成佛呢？」馬祖便問：「要怎樣才能成佛？」懷讓說「道理就像牛拉車。要是車子停了，請問你是打車子、還是打牛呢？」馬祖被問得啞口無言。於是懷讓接着說：「你是學坐禪呢、還是學坐佛？如果學坐禪，禪並不在於坐臥；如果學坐佛，則佛並無一定的狀態。法是無所住的，因此求法不可執着於取捨。堅持坐佛，等於扼殺了佛；而執着於坐相，便永難見到大道。」據說馬祖聽了這番話，有如飲了醍醐一般。這就是開悟的樂趣。

開悟也是覺醒。對什麼覺醒呢？就是對「自我」的覺醒。這種覺醒，我們可以從馬祖接引大珠慧海的話中看出來。大珠第一次見馬祖，馬祖問他從那裏來，大珠答以從越州大雲寺來。馬祖又問：「你來這裏做什麼？」大珠回答：「我是來求佛法的。」馬祖說：「我這裏什麼都沒有，那有佛法可求呢！你自有寶藏而不顧，離家這麼遠做什麼？」大珠惘然問道：「我有什麼寶藏呢？」馬祖回答說：「現在問我的人就是你的寶藏。它萬事具足，毫無欠缺，你可隨心所欲去運用它，而不會覺得它會枯竭。你何必向外尋求呢？」聽了這番話，大珠慧海立即洞見自性。

要之，如果你不知自己有寶而向外尋求，將永無快樂可言。況且孟子不是也說過：「萬物皆備於我矣。反身而誠，樂莫大焉！」這種儒家深刻的見地，在禪宗有了具體的發揮。儘管如此，可是接引、啓悟後學的乾淨俐落的手法，卻是禪宗所獨有的。

以下是馬祖接引另一徒弟名叫無業的手法，無業原來專研律宗，深通經藏。首次見馬祖時，馬祖看他身材魁梧，聲音宏亮，因此印象深刻。便說：「外形巍巍堂堂，裏面卻沒有佛。」於是無業敬謹地跪下說：「弟子粗研三乘，稍有心得。可是對於禪宗『卽心是佛』之說，始終不解。」馬祖說：「這個不能了解的『心』就是佛，再也沒有別的了。」無業仍然未悟，又問了一些無關痛癢的問題。於是馬祖說：「你這個大德現在還糊塗得很，且先回去，等下再來吧。」無業正要離開，馬祖便在他的背後喊道：「大德！」無業轉過頭來，馬祖便問：「那是什麼？」聽了這話，無業便恍然大悟。他已經發現自我了。（讀者可參閱吳怡譯禪學的黃金時代）

我們整個生命，就是一部動人的羅曼史，它的目的就在發現自我。即使最基本的道德箴言如「萬惡莫作，，眾善奉行，自淨本心」，也無非是發現自我的始基。莊子曾經把這種最崇高的人生歷程，簡括爲下面的一段雅馴的文字：

「仁義，先王之蘧廬也。止可一宿，不可以久處，覯而多責。古之至人，假道於仁，託宿於義，以遊逍遙之虛，食於苟簡之田，立於不貸之圃。逍遙，無爲也；苟簡，易養也；不貸，無出也；古者謂是采真之遊也。」

我們整個生命的歷程，就像從小我到眞我的朝聖進香一樣，任何風流韻事都沒有它那麼有意義與動人。因爲朝聖的目的地與歷程都充滿驚喜與刺激，缺少了驚喜與刺激，就沒有生命之可言了。這也就是禪師們何以要常引用「不風流處也風流」這句有意義的名詩的原因。

從前何姆斯法官（Justice Holmes）來信告訴我要「經得起不如意事的打擊」，要學會「下決心化平凡的人生爲不平凡」。他的這種觀點，與道家和禪宗極爲接近，尤以後者爲然。禪師們常說：「平常心是道」，最平凡的人生就是最奇妙的人生。馬祖從前曾經說過：「知色空故，生卽不生。若了此意，乃可隨時着衣吃飯，長養聖胎。任運過時，更有何事。」馬祖的一位俗家弟子龐蘊居士有一首詩最能發揮此義。它說：

日日事無別，惟吾自偶諧。
頭頭非取捨，處處無張乖。
朱紫誰爲號，邱山絕塵埃。
神通並妙用，運水及搬柴。

處輝眞寂禪師剛做方丈時，有位和尙問他說：「聽說釋迦牟尼說法，地上開出金蓮花。今天你就方丈職，有什麼祥瑞顯現呀！」眞寂禪師回答：「我只是掃卻門前雪罷了！」

有位剛受剃度的和尙問趙州禪師說：「弟子初到禪林，請求師父指點。」趙州問題：「你吃過粥沒有？」「吃過了。」禪師說：「去洗鉢盂吧！」聽了這番話，這位新剃度的和尙便頓悟了。如此說來，禪似乎比道家要進一步，因爲道家多少還在尋求不凡，而禪宗卻在最平凡的事物上尋求最不平凡的。事實就是「禪」已經將道家的神祕洞察力和禪家的道德直觀融成一種生動的綜合物。

禪是融洽「超越」與「內在」於一爐的。它雖然停留在此岸，卻希望到達彼岸。它學到道家的超脫，但百尺竿頭更進一步。慧能說得好：「外於相離相，內於空離空」。因此，禪比道家超脫的地方，就在於它能超脫於超脫而回到人間來生活。慧能以下的一首偈子，可說散發著儒家美德的芬芳：

心平何勞持戒？行直何用修禪？
恩則親養父母，義則上下相憐。
讓則尊卑和睦，忍則衆惡無喧。
若能鑽木取火，淤泥定生紅蓮。
苦口的是良藥，逆耳必是忠言。
改過必生智慧，護短心內非賢。
日用常行饒益，成道非由施錢。
菩提只向心覓，何勞向外求玄。
聽說依此修行，天堂只在目前。

這可說是用永恒的眼光，來看日常倫理的世界。眞所謂不離此岸而達彼岸。

禪宗文獻裏，有一聯有名的詩句，最爲人所津津樂道。那就是：

萬古長空，一朝風月。

「萬古長空」，象徵着天地的悠悠與萬化的的靜寂；「一朝風月」，則顯示出宇宙氣機的生動流行。而這二者應該合在一起來講才行，因爲它們是融成一體而不可分的。南宋禪師善能說得對：「不可以一朝風月，昧卻萬古長空，不可以萬古長空不明一朝風月。」

解乎此，就可以體會出時間在永恒的母胎中第一次的顫動。也就在這一刹那的顫動，宇宙就有了生命，有了行動，有了形狀，有了顏色。沒有人知其所以然，眞稱得上是「玄之又玄」了。可是只要能欣賞這種玄妙，任何敏感的人都能進入一種充滿快樂而驚奇的境界。因爲世間豈有比在永恒的靜寂中，突然響起一聲空谷來音更優美、更動人心弦的事物嗎？尤有進者，天天都是創造的日子，因爲它是獨一無二的，是始也是終。上帝乃是生生之神，而非死亡的主宰。

整個禪的意義，無非是想喚起生生不息與時空交融的覺悟。當一個人自性具足時，最偶然的機緣，都能使他開悟。古時有一個和尙研讀法華經，在他讀到「諸法本寂滅」時，覺得迷惑不解。於是日夜苦思焦慮，行止坐臥都不罷休；可是，越想越糊塗。有一年的春天，突然的一聲鶯啼，喚醒了他的迷夢，立卽寫成如下的一首偈子：

諸法從本來，皆自寂滅相。
春至百花開，黃鶯啼柳上。

這一聲鶯啼，點醒了永恒的寂滅。跟這個相類的一個例子，就是一個俗家弟子，在如厠時正想着一個公案，突然聽到一聲蛙鳴，立刻澈悟悠悠的萬有而寫下：

春天月夜一聲蛙，
撞破乾坤共一家。

聲音可以使人開悟，顏色亦復如此。有一位禪師是看到桃花而開悟的。他說：「自從一見桃花後，直到如今更不疑。」當然他從前也見過桃花，不通這次他才看到桃花的本來面目。也就是說，這是他第一次以永恒的寂滅來觀察桃花，就如它剛從造物主那裏顯現出來一樣。從前他只是夢裏看花，模模糊糊；可是，這一次由於他的內心條件成熟了，心目頓開，使他所看見的桃花，已經不是孤立的物體，而是來自整個宇宙源頭的活泉。有些禪師說，我們完全覺醒時，可以用眼聽。聖詠的作者，便是這種人物。他寫道：

乾坤揭主榮，碧空布化工。
朝朝宣宏旨，夜夜傳微衷。

莊子曾把死當作大覺或大歸，而禪師們卻認爲大醒或大歸應該在生命中完成。那就是說，我們活着時得找到眞我；而只要我們體認出我們的眞我，永生立卽爲我們所有，因爲眞我是超越生死的。套用聖女小德蘭 (St. Therese of Lisieux) 一句話，然後我們就能「以在天的歲月來造益人世」了。到達此一境界，就是雲門禪師所說的「日日皆好日」了。無門和尚有首小詩說得好：

春有百花秋有月，夏有涼風冬有雪。
若無閒事掛心頭，便是人間好時節。

最好的似非而是的說法是，只有不關心一己的生命，才能眞正品嘗到生之喜悅；只有無憂無慮的人，才能眞正照顧到別人。這讓我想到若望第廿三世，他爲何那麼令人神往、那麼令人欽仰呢？此無他，因爲他全心全意的奉侍上帝。他的看法是：「天天月月都是上帝的，因此都是好日子。」一九六二年耶誕他說：「我已活了八十二歲，我得走完這人生的旅途嗎？天天都是出生的好日子，也都是大歸的好日子。」臨去世時，看到親友在哭泣，他要他們高唱聖母瑪利亞的歡喜歌，並說：「振作起來，這不是哭泣的時刻，而是快樂與榮耀的時辰。」他也安慰他的私人醫生說：「教授，別傷心，我的行囊一直收拾妥當，大限一到，我是不會躭擱的。」我覺得基督教的悅樂精神，是融合儒、道、釋三家的。

要之，我們現在生活在一個空前偉大的時代。這個時代可以說是東西正面接觸的時代，它是求一種根本的和諧，它也是一個精神上極度擾攘不安的時代。物質文明的發展，已經超過我們的夢想；我們已經登陸月球，也正在征服火星。肉體雖然已經起飛，靈魂卻依然停留在地上。柏格森說得好：「現在，身體各部份是脹大了，可是靈魂依然保持原狀，因此，它顯得太小而無法遍布全身，也顯得太弱而難以領導身體了。如此一來，靈肉之間便形成一道鴻溝，因此，引起很多嚴重的社會、政治及國際問題，也就是因爲想彌縫這道鴻溝，才引發很多勞而無功的努力。其實我們眞正需要的事物，厥爲貯藏新潛能，可是人類這次所需要的，不再是物質的潛能，乃是道德能量了。」在目前這個太空時代，多數青年人居然還感到「因缺乏空間而無法吸氣」，誠屬一大諷刺。不管怎麼樣，我們是沒有理由悲觀的。就以本人來說，我對於人性是深具信心的。同時我也相信，我們所面臨的考驗越大，我們克服困難的方法也越高明。尤有進者，從各種跡象看來，科學思想是日趨成熟了。因此，它不僅不認爲與宗教對立，相反地，它愈來愈體認它與宗教是向信仰朝聖的旅伴。最具意義的事情，莫過於當代最優秀的科學家之一的愛因斯坦博士，居然說出下面一段話來：

> 我們所能經驗到的最美的事物，就是神祕感。它是一切眞藝術、眞科學的起源。不知這種感覺爲何物並且不再能停下來深感驚奇和恭謹肅立的人，無異行屍走肉，因爲他是開眼的瞎子。這種對生命奧祕的憬悟，包含着一種肅然起敬之心，也就是宗教的活泉。承認我們所無法參得透的事物眞的存在，可說是處身於眞正敬神的境界中。因爲那些無法參透的事物所呈現的是最高的智慧和光采奪目的美，而我們類似螢火之光的能力，卻只能靠「知」與「感」這種最原始的形式來瞭解它呢！

同樣深具意義的是，阿波羅十一號的一位英雄，居然也背誦出聖詠第八首最精彩的詩句來：

諸天現光彩，妙手運陰陽。
瑞景燦中天，星月耀靈光。
人類處其中，碌碌無所長。
乃蒙主拔擢，聖眷迥異常。（引自吳經熊聖詠初稿譯義）

至於東西的文化關係，說它們互相愛慕並不嫌過分。一方面由於東方國家對於西方的科學文明低首下心，他方面則由於越來越多的西方智識分子爲遠東的文化及精神傳統中的玄理所吸引。兄弟很可以說，儒、道、禪在西方比在東方更爲人所熱心研讀。就我所知，西方有不少人士，經由遠東宗敎的探索而返歸基督敎。這是因爲遠東的宗敎裏頭的神祕與道德的洞察力，提醒他們福音中有着無盡的寶藏的緣故。基督徒吸收人類一切活生生的傳統中的眞、善、美的事物，並復歸於「道」，此其時矣！凡是塵世的人，沒有不受到「道」的啓發的。末了，我們要記住，想把水變成酒之前，得先把水壺裝滿水才行。

中國文化的發展方向

道心——活水源頭

中華文化，內容之豐富，歷史之悠久，即使有一千一萬部的二十四史，也是記載不完的，何況還要論到它的發展方向。在今日而要談中華文化發展的方向，勢不得不兼論西洋的文化。因爲現在東西文化，已經全面接觸了，這實在是個空前的局面。在這個局面之下，我們就不能不想如何綜合東西兩方的文化。

讓我們開門見山地說一句話：我們如要綜合東西，必須先要超越東西。也許你會問我：「你既是中國人，明明是屬於東方的，你怎麼能超越東西呢？」我的回答是很簡單的。我認爲中華文化的基本出發點，已有超越東西的意趣了。比如，尚書裏說：「人心惟危，道心惟微，惟精惟一，允執厥中。」卽就這「十六字訣」而言，已是超越東西了。所謂「道心惟微」這個「微」字，不是微弱之微，乃是微妙之微。我們要以這個無聲無臭的道心，來駕御千變萬化的人心。程明道所說：「道通天地有形外，思入風雲變化中，」乃是「人心惟危，道心惟微」最切當的註腳。道心是文化的活源頭，正如朱子所詠：

半畝方塘一鑑開，天光雲影共徘徊。
問渠那得淸如許，爲有源頭活水來。

又如王陽明所說：「千聖皆過影，良知是吾師。」這「良知」，就是「道心」，也就是朱子的「源頭活水」，也就是禪家的「無位眞人」與「本來面目」。

我國的文化，固然是植根於道心，西洋的文化，難道不是植根於道心嗎？我國的文化，是發源於良知，西洋文化難道不也是發源於良知嗎？我以爲先天之知固然是良知，可是後天之知，也何嘗不是良知的引伸？東西文化，是同一個源頭的，所不同的，只在我們談後天之知，同時不忘先天之知，而西洋人——尤其是近代的西洋人——在現象界中流連忘返，偏重後天實驗之知，而將先天之知的大前提置之度外。但是在西洋，近數十年來，卻也不乏高瞻遠矚之士，能把近世的科學文明溯源於希臘哲學，羅馬法理，和基督敎義三大淵源。最可惜的，是在我國一般主張「全盤西化」的人，對於西洋文化沒有徹頭徹尾的了解，而把東西文化原屬同一心源的事實，完全抹然。

目前在西洋頗有一班有識的學人，強調復興宗教之必要。比如湯恩比就說，要復興西方，第一要復興耶穌教。又如蘇聯的反共大文豪巴士德納克，竟能大膽地說，西洋的歷史，是從基督開始。這使我聯想到中國學者也曾說過：「天不生仲尼，萬古如長夜。」現在西洋有識之士，已有「原始反終」的傾向。他們的原始反終，當然是以基督的教義爲目標。可是，在我們中國，基督的教義，至今還沒有生根。我們的原始反終，要以孔子與孔子所表彰的人性天道爲目標。

我深信，東西文化將來一定會達到一個活的綜合。無疑的，「東西文化的正統，乃是孔子學說與基督教義」。（見張其昀著中國文化新論第一册三〇頁）這兩個正統，最後一定要綜合起來。但是目前時機尚未成熟，因爲要達到活的綜合，兩方面都先要復興起來。在西洋方面，要復興基督教義，必須盡量吸收東方的長處。同樣，我們如果要復興孔子的道理，也必須盡量吸收西方的長處。這樣才能收同明相照，同聲相應之效。 國父中山先生所說：「本基督救世之苦心，行孔子自立立人，自達達人的美意」，可以視爲活的綜合的一個芻型。不過現在還談不到眞正的全面綜合。現在所急需的，還是各自復興自己的文化。

孔子「和而不同」的心傳

上面已經說過，要復興中華文化，第一要原始反終地回到孔子及其所表彰的天道人性。我也承認儒家不能完全代表中華文化，就像錢穆先生說：

> 我覺得講文化，該講文化之全體，不能偏舉一隅。卽講思想，孔孟儒家以外，至少還有道家老莊。在中國人思想中，乃至一個不識字的人，可能他頭腦裏有儒家孔孟思想，同時也還有道家老莊。（見中國文化叢談，第一冊，八八頁）

錢先生還說：「從前司馬談講六家要旨，我想舉出新六家——卽儒、道、佛、墨、法、陰陽。我們講思想，只講儒家孔孟，把此外五家忽略了，如此講中國文化總是稍有所偏。」這話是十分正確的。本文限於篇幅，勢不能不稍有所偏。

不過，在這裏，我想特別提出一點：我認爲孔子的人格和思想，實在最能代表中華文化的精神。孔子的境界，確實遠超一般儒家之上。他的思想，包涵着許多老莊和禪宗的優點。比方，他說：「巍巍乎，舜禹之有天下也，而不與焉！」（泰伯）這不是老子「爲而不恃，成功而不居」的道理嗎？又如「吾與點也」，不是有馬祖所說「超然物外」的氣象嗎？

至於墨子，我覺得他的碧血丹忱實在令人敬佩，但是孔子也有他的碧血丹忱，所不同的是在墨子尙同，而孔子則主張「和而不同」。原來人生的藝術，像音樂與烹飪學一樣。如果音樂祇用一個音符，還成什麼音樂呢？如果烹飪祇用一個味兒，怎麼能夠可口呢？照晏子的說法，必須七音相和，五味相調，才成爲悅耳的音樂，與可口的烹飪（見左傳昭公二十年）。

孔子思想的偉大，就在他能調和一與多之間的微妙關係。一方面，他主張人生要多采多姿。

他說：「周監於二代，郁郁乎文哉！吾從周。」（八佾）。一方面，他卻強調「吾道一以貫之」（里仁）。顏回說：「夫子博我以文，約我以禮。」，「博」，所以能多采多姿；「約」，所以能避免博而寡要的弊病。孔子又說：「興於詩，立於禮，成於樂。」「興於詩」，就是「博我以文」；「立於禮」，就是「約我以禮」；而「成於樂」，則是調和綜合的工夫。這樣看來，孔子實在十足的做到「惟精惟一，允執厥中」的理想。

人生的大藝術

我常說，在中國人的心目中，一切莫非藝術，做人也是藝術；中國的倫理學，簡直可以說是欣賞和批評人生藝術的大學問。比方，論語裏載着孔子與子夏一段很有意思的談話。子夏問曰：「『巧笑倩兮，美目盼兮，素以爲絢兮』，何謂也？」子曰：「繪事後素」。曰：「禮後乎？」子曰：「起予者商也！始可與言詩矣！」（八佾）

這裏，「絢」是色采，代表「文」；「素」，是用白色以分間五采，代表「禮」。繪畫之事，先布眾采，後用素色分其間，使眾采更能顯明地透出來。這就是「博我以文，約我以禮」的妙諦。

在孔子的心目中，眞、善、美、互相含帶，融成一體。譬如說：「志於道，據於德，依於仁，遊於藝」（述而）。這裏，很顯然的，道代表眞，德與仁代表善，而藝則代表美。孔子又說：「里仁爲美，擇不處仁，焉得知？」在寥寥十一個字中，孔子竟把眞，善、美三者呵成一氣了。不可否認的，孔子的人生哲學，以仁爲中心。但同時，他談仁（善），也不忘美與知（眞）。知是仁的要素，而美是仁的風度與氣象。

以審美眼光評判人品

孔子往往以藝術眼光，欣賞人格。在禮記聘義章內，載着孔子以玉來形容君子一段話，實在耐人尋味。他說：

夫昔者君子比德於玉焉。溫潤而澤，仁也。縝密以栗，知也。廉而不劌，義也。垂之如隊，禮也。叩之其聲清越以長，其終詘然，樂也。瑕不揜瑜，瑜不揜瑕，忠也。孚尹旁達，信也。氣如白虹，天也。精神見於山川，地也。圭璋特達，德也。天下莫不貴者，道也。詩云：「言念君子，溫其如玉」；故君子貴之也。

這種以藝術眼光和象徵方法，來品評人格，在西洋文字中很少看見，獨在中國文字中，似乎是家常便飯。比方孔子又說：「質勝文則野，文勝質則史。文質彬彬，然後君子。」（論語，雍也）又如仲弓批評子桑伯子說：「居簡而行簡，無乃大簡乎！」（雍也）又如近思錄最後一卷名曰「觀聖賢」。這就是瞻觀和欣賞聖賢的氣象。明道先生說：「仲尼，天地也。顏子，和風慶雲也。孟子，泰山巖巖之氣象也。觀其言皆可以見之矣。」明道講到周敦頤先生則說：「周茂叔胸中灑落，如光風霽月。」伊川先生描寫他的老兄的品格說：「純粹如精金，溫潤如良玉；寬而有制，和而不流；忠誠貫於金石，孝悌通於神明。視其色，其接物也如春陽之溫。聽其言，其入人也如時雨之潤。胸懷洞然，徹視無間。測其蘊，則浩乎若滄溟之無際。極其德，美言蓋不足以形容。」這些話也許難免有些理想化，但也不至全無實際。從中華文化的立場而言，這些話的確具有不可磨滅的價值，因爲我們從這裏可以看出中國人的人生理想，而人生理想實在是文化的靈魂。總而言之，以審美的眼光，來品評人格，可以說是中華文化的特色之一。我們以後還要把這個特色，充量發揮，這樣，不但可以培養中華民族獨立的個性，而且也能對世界文化作特殊的貢獻。

藝術與科學

新近我讀了方東美先生的「哲學三慧」一書，裏面看到：「中國人之靈性，不寄於科學理趣，而寓諸藝術神思。」這使我非常欣慰，因爲我也有同樣的觀察。不過，話又要說回來了。我們如果仔細研究上引孔子論玉的一段話，我們就不得不承認孔子的思想中，實在也含有科學成份。比方他說：「縝密以栗，知也。」這豈不是科學的精神嗎？中庸也說：「文理密察，足以有別也。」可見理知確實是構成完美人格的一個要素。但是「文理密察，足以有別」，究竟還是「惟精」的功夫，「溥博淵泉，而時出之」，才是「惟一」的境界。至於「允執厥中」，則更需要眞、善、美的靈感和素養了。就通盤而言，孔子的確是把人生當作一個大藝術看待的；但是在此大藝術之中，科學自有它的不可替代的功用和地位。我以爲，能認淸藝術與科學之間微妙關係，可以爲將來東西文化的眞正綜合作個張本。同時，我們如果要負起綜合東西的大任，第一步必須對於孔子的人格和人生觀作進一步的認識和欣賞。

羅光主教新近說：「人的精神生活，以追求眞、美、善爲目的，天主乃是全眞、全美、全善的實體。」觀於此，已可想見孔子之如何近接天主了。

心物一體的宇宙觀

在中國人的宇宙觀中，一切萬有莫不互相涵蓋，互相呼應，心物一體，天人合一。人生是藝術，而藝術也是人生。人與自然之間，並沒有什麼隔膜。所以說：「好鳥枝頭亦朋友，落花水面皆文章」。各種藝術之間，也互相貫通。所以「詩中有畫，畫中有詩。」就像蔣夫人說：「在全

世界的藝術中，中國畫是獨一無二的，因爲畫與詩融爲一體，兩者使中國文化更爲豐富。」（中華文化復興論叢，第三集，八頁）

王摩詰的「江流天地外，山色有無中」，不是詩中有畫的一個好例子嗎？又如王勃的：「抱琴開野室，携酒對情人。林塘花月夜，別是一家春。」這是多麼叩人心絃的一幅圖畫啊！至於畫中有詩，我也要舉幾個例子。八大山人的「老樹鸜鵒」，令人聯想到「獨立滄茫自詠詩」的杜少陵。馬遠的「秋江漁隱圖」，把詩情畫意簡直是融合無間。我認爲這都是心物合一的妙果。因爲中國的上品藝術都是從心靈的活泉中流湧出來的，所以能在藝術世界中成爲「別是一家春」。

在中國藝術中，書法的地位比繪畫還要高，這也是世界上所絕無僅有的。大家都會承認，王右軍的蘭亭集序，爲千古絕品。即使添注塗改，也成爲自然點綴，反增全幅之美。當時他的心境，一定與大自然融成一體了。有詩爲證：

仰視碧天際，俯瞰淥水濱。寥閬無涯觀，寓目理自陳。大矣造化功，萬殊莫不均。羣籟雖參差，適我無非新。（蘭亭集詩。見沈德潛所編古詩源）

沈德潛對這首詩，下個評語說：「不但序佳，詩亦淸越超俗，寓目理自陳，適我無非新，非學道有得者，不能言也。」可見右軍的書法，也是淵源於道心。中國的一切上品藝術作品，除了平素研究功夫以外，莫不由於學道有得。希望我們的藝術，以後還要朝着這個方向努力發展。

中國的戲劇也大有發展的前程。在西洋，喜劇是喜劇，悲劇是悲劇。一個是甜瓜徹蒂甜，一個是苦瓜連根苦。可是，中國的悲劇中，結局往往令人得到彷彿來自天上的慰悅。這是因爲我們心底裏覺得「成仁」比「成功」更爲可貴。我還記得七八年前，我在紐約一個電影院，觀賞「梁山伯與祝英臺」的電影劇。我覺得在技術上那齣戲固然可以與西洋的作品並駕齊驅，而在情節上比它們更富於人情味，更夠意思，使我深深地感到成仁之樂遠超乎成功之樂，好像人間的悲劇，忽然昇華而爲一個神聖的喜劇。

當時我還連帶的想起，憑什麼遠在海外的我，竟得在銀幕上享受到這個發源於我故鄉的美妙故事呢？我對自己說：「如果沒有西方的科學，我今天在這裏怎能看到中國的戲劇，聽到中國的音樂呢？」這就是科學與藝術合作一個小小的例子，但是「此言雖小，可以喻大。」

發展的途徑與方向

顧翊羣先生說得好：「中國儒、道兩家向來互相配合，儒家陽剛進取，道家陰柔退守，兩者相輔相成，正如乾坤陰陽合爲太極。」（見中央月刊，第四卷，第三期，二六頁）我也常說，儒道兩家的宇宙觀，俱淵源於易經，儒家比較傾向於乾卦之「自強不息」，而道家比較傾向於坤卦之「厚德載物」，兩者可謂平分乾坤。不過，我們的話，是就大體而論的。其實，孔子的人格與人生理想，早已兼具兩者之長了。他的人格是剛柔相濟的。最有意思是他對答子路問強的一段話了。依孔子的看法，南方之強與北方之強是不同的。他說：「寬柔以教，不報無道，南方之強也，君子居之。衽金革，死而不厭，北方之強也，而強者居之。」末了，他主張眞正的強，是要「和而不流，中立而不倚」，「國有道，不變塞焉」，「國無道，至死不變。」（中庸）這樣才是綜合了南方之強與北方之強。這豈不是「乾坤陰陽合而爲太極」嗎？

蔣公曾撰一聯云：

從容乎疆場之上，
沉潛於仁義之中。

這也就是融合南方之強與北方之強的妙果！

我們將來如要綜合東西文化，就該以孔子之如何綜合南北之強爲藍圖。大體講起來，東方比較近似孔子之所謂「南方」，而西方比較近似孔子之所謂「北方」。孔子之所以能綜合南北，是因爲他通過切身體驗的方法，在自己身上把南北的長處融爲一爐。他的綜合不僅是理論上抽象的綜合，乃是實際上的活綜合。同樣，我們如果眞要綜合東西的話，就該在自己身上開出一條活路。我們先要做成徹頭徹尾的中國人，同時還要徹底吸取西洋的長處。對於西洋文化，要抱中立不倚，和而不同的態度：一不要一味鄙視，二不要盲目崇拜，擇其善者而從之，其不善者而改之，這樣「高而不亢，謙而不卑」的態度，才能發揚中華民族的德性。（見秦編「先總統 蔣公嘉言錄」，第二輯，六十八頁），只有發揚這個德性，才能實現我們民族的最高理想：

為天地立心，為生民立命。
為往聖繼絕學，為萬世開太平。

在這裏，我不得不提出最重要的一點。我認為這個理想，是有一個大前提的，那就是有神論。所謂「天地」是指宇宙而言。宇宙不是造物主。「天」或「上天」，才是造物主，才是神。在神所造的宇宙萬物之中，以人為最靈。所以說：「人為萬物之靈。」正惟如此，人才能為天地立心。關於這點，我要引證 蔣公的話：

「我總以為人生在世，特別是在此反共抗俄與唯物主義戰爭期間，無論你有無宗教信仰，亦無論你對於宗教的觀念如何，但是我們必須承認宇宙之中有位神在冥冥中為之主宰的。並且他是無時不在每人的心中，而不恃外求的。」

觀此可見 蔣公對於上帝的超越性與內在性能兼收並攝。這才是「超以象外，得其環中」的境界，正如王陽明所說：「不離日用常行內，直造先天未畫前。」

換言之，神是超乎宇宙的，而同時因為「人為萬物之靈」的緣故，祂又「無時不在每個人的心中」。正惟如此，人才能爲天地立心。就像于樞機說：「天有靈氣，賦於萬物而爲生機。人類的靈氣最多，人性便是天性，人心便是天心，故人應參天地而贊化育。」這是「爲天地立心」的眞義。不然的話，這句話將是癡人說夢了。同樣，「爲生民立命」，這個「命」字是指天道，也就是自然法，爲生民安身立命之所。這個道或自然法，當然也是發源於神的，正如董仲舒所說：「道之大原出於天。」至於「爲往聖繼絕學」，處於我們的大時代，這「往聖」必須包括東方西方所有一切的聖哲。講到「爲萬世開太平」，我就想到 國父中山先生所說：「人類進化之目的爲何？卽孔子所謂『大道之行，天下爲公』。耶穌所謂『爾旨得成，在地若天。』此人類所希望，化現在之痛苦世界，而爲極樂之天堂者是也。」（孫文學說第四章）那個時代的文化一定是非常高超，非常豐富，可以用朱子的詩句來作象徵：「等閒識得東風面，萬紫千紅總是春。」我們現在距離這個時代，雖是甚遠，可是我們心裏必須抱此希望，才能有蓬蓬勃勃的朝氣，而欣欣向榮，自強不息。要「爲萬世開太平」，我們現在就該拓開萬古之心胸。如此，我們目前的一切努力，也會平添無限的深度。

我也知道，我們現在所處的時代，非常黑暗，非常紊亂，比春秋戰國時代還要黑暗紊亂，但是我們中華民族有一個特性：時代的挑戰越厲害，我們應戰的志願和力量也越堅強。我深信，中華民族一定會產生比以前更多更大的聖哲，來負起創造大時代的使命。我們從許多歷史上的教訓，學得了一個顚撲不破的原則：就是「禍者福之所倚」的一句話。史記太史公自序說：「昔西伯居羑里，演周易。孔子戹陳蔡，作春秋。屈原放逐，著離騷。左丘失明，厥有國語。孫子臏脚，而論兵法。不韋遷蜀，世傳呂覽。韓非囚秦，說難孤憤。詩三百篇，大抵聖賢發憤之所爲也。」這些不都是「塞翁失馬，安知非福」嗎？只要能莊敬自強，不向時代環境投降，沒有不轉敗爲勝，因禍得福的。個人如此，民族亦何獨不然。新近我讀到了張曉峯先生的一段話，使我非常感動。他說：

「如今國際局勢雖在晦蒙否塞之秋，而中國人之胸懷，自有其光明正大之域。在政治上看，這是中國歷史上空前浩㥯的時代，但在文化上看，這又是文藝復興，千載一時的新世紀。」

文化復興，也就是國家復興的先聲！

中華文化與世界和平

一、中華精神之寬大

中華民族可以說是世界上最愛好和平的民族。這並不是說，我們對於武備與國防，沒有相當的注意。不過，我們的武力，向來是用之於自衞，從來沒有用武力去侵略、壓迫、和併吞任何弱小民族或國家。卽使秦始皇的萬里長城，其目的也無非爲着防禦異族的侵略。大家都知道，唐代是我們歷史上極盛時代，甚至「九天閶闔開宮殿，萬國衣冠拜冕旒。」這樣的盛況，大半還是文化勢力和懷柔政策的成果。雖說是恩威並加，究竟恩多於威；對於所有附庸國家，從來未曾剝奪他們的自由獨立。唐朝對於異族的寬大，於唐律中也可略見一斑。比仿唐律中有這樣的一條規定：「諸化外人同類相犯者，各依本俗法。」觀此，可見唐朝對於異族的體貼，實在是無微不至。對於旅居中國的化外人，我們尙且不要勉強使他們同化，那對於四周圍的國家與民族，更不用說了。但是結果亞洲大部份的國族，都漸漸吸收了中華的禮敎。這樣的同化，絕對沒有用過武力去勉強人家，乃是因爲他們自己心悅誠服地欣賞中華文化的優美，使他們接受我們的禮敎，惟恐落後。這個現象，證實了一個十分重要的眞理：只有能涵容小不同，才可希望大同。

我還記得，在五十年代，我在美國新澤西西東大學任敎，有一天吳廷琰先生到我家裏，來認同族。他對我說，他的祖先，在三四百年前，從福建遷移到安南。我對他說，我的祖先剛巧也是在三四百年前，從福建遷移到寧波。可見我們的確屬於同宗，於是彼此更覺有親切之感。後來，廷琰先生寫了一篇關於安南人的政治制度和倫理思想的文章，要我替他閱讀，並且批評一下。我閱讀之下，不勝驚奇，因爲那篇文章的內容，差不多全是根據儒家的傳統。於此可見儒家的思想——尤其是忠孝仁愛信義和平之八德與禮義廉恥之四維——實在是具有世界性的。眞所謂「建諸天地而不悖，質諸鬼神而不疑，百世以俟聖人而不惑」了。

二、一個開放的文化

中國的文化，是一個開放的文化。中國的社會，是一個開放的社會。祇有滿清時代，是趨向於閉關的。就像， 國父孫先生說：

「西人每以中國閉關成性，不願與外人交通，僅於隱隱前茅，開放通商口岸而已。此等誤會，實爲不明中國歷史者之言。而歷史上則與吾儕豐富證據，足以表明之者：自上古以迄近代，中國人民之對待鄰邦，夙稱敦睦，且從未歧視外邦商人敎士。西安府之景敎碑，已載明第七世紀外邦敎士福音之功，漢帝則更爲佛敎之先導，一時人民之歡迎新敎，深具熱忱；以致日增繁盛，得與儒釋兩敎鼎峙中國。非特敎士如此，即全國遊歷之商人，亦莫不獲得賓至如歸之樂；以迄終明之世，從未有仇洋運動。且明相國徐光啓，嘗親身爲天主敎之信徒，與天主敎馬杜李西氏（利瑪竇）相友善，爲人民所深佩焉。

一自滿州朝建立以來，政策則漸加改變；全國禁止外人通商，驅逐敎士傳敎。民間奉敎者，則加之以誅；土著出洋者，則處之以死。噫！斯果何意乎？此滿州人不願外人居於封內，唆使民間之嫉惡外人者：蓋恐影響中國，一旦開明，不利於己也。」（見「中國問題之眞解決」）

我覺得這段文字，絕不是一個宣傳而已，實具有歷史的正確性。時至今日，大陸的共匪政權，是絕對閉關的，而我們中華民國，是一向開放的。即此一端，已可見共匪是中華文化的叛逆，而我們是中華文化的眞正代表。聖經約翰福音說：「蓋行爲不正者，必惡眞光，而莫敢與之近，惟恐其行爲之見燭也。至實踐眞道者，自與眞光相親，所以彰其所行悉與天主相契合也。」

（第三章，二十至二十一節）

中華文化是一正大光明的文化，所以我們不怕光，無需隱瞞；同時也無需渲染，因爲「有麝自然香，不必當風立。」

蔣公在「告全國青年書」中，昭示我們說：「共匪破壞文化，我們復興文化。共匪滅絕道德，我們復興道德。」我覺得這一段話，不但是復興國家民族的關鍵，也是世界和平與人類浩规的分水嶺。因爲復興中華文化，才能導致世界和平與大同，而破壞中華文化是導致人類同歸於盡的前奏。

三、我們民族主義的特色

講到民族主義，我們第一要認清一點：我們的民族主義，與西方的民族主義有根本上不同的地方。羅時實先生在他最近出版的「民族主義的浪潮」裏，對於一般的民族主義有一句警語說：「民族主義在弱國被視爲奮發圖強的動力。在強國則因自尊感過甚，容易發展爲侵略征服的自大狂。」惟有 國父孫先生所主張的民族主義，確實是有百利而無一害的。這個民族主義，是發源於中華文化，同時又竭力鼓勵發揚光大中華文化。當他適用於弱國時，它固然是奮發的動力。當它適用於強國時，又成爲「自立立人」的濟弱扶傾的動力，決不會發展爲侵略征服的自大狂。我還記得，一九四五年，在舊金山會議中，我國代表團抱着和衷共濟的精神，毅然主張，此後爲維持世界和平，各國寧可犧牲一部分的主權，凡有國際上的爭執，皆應付諸世界法院公斷。不料有少數國家——尤其是蘇聯——竭力反對，仍主張重要案件，不受法院管轄，應由各國自決。當時我就覺得聯合國對於世界和平，不會有什麼貢獻，結果必蹈國聯的覆轍。後來，在「人權宣言」的會議中，蘇聯代表又竭力反對，說主張人權等於反抗國家的無上主權，並說這種宣言乃屬反革命，開倒車的思想。

原來人權運動，是以人格尊嚴爲出發點的，而人格尊嚴又導源於宗教信念。唯物論的共產主義，是以無神論爲基礎的，所以根本不承認「天命之謂性」的人本主義，因而也談不到人格尊嚴，更談不到什麼「人權」了。

我認爲三民主義，才眞正是進步的，革命的；而共產主義實在是倒行逆施的落伍思想。現在西方自由國家的經濟措施，確實日漸接近三民主義了。所可惜的，他們對於民生問題，但知頭痛救頭，脚痛救脚；並沒有哲學上，文化上的通盤計劃與理論。他們還沒有了解三民主義是通向世界和平與大同的康莊大道。如何使三民主義的認識普及於全世，這便是我國文化人士義不容辭的使命。

四、宗教與科學

目前我們最堪憂慮的，是在國內一般青年，眩於西洋物質文明進步的神速，容易發生一個錯覺，以爲西洋一切東西都超越了我們，因而他們一切的新潮流，也値得我們去效法的。於是，青年們一聽見仁義道德的話頭，便會覺得又是老生常談，時代落伍了。殊不知我們如果眞的要走在時代前面，就非提倡宗教與倫理不可。試問現在西洋的青年，爲什麼這樣徬徨，這樣苦悶？還不是因爲物質生活雖然非常豐富，而精神生活卻是越來越空虛嗎？關於這點，蔣公早已覺察到了。他說：

「我覺得近年以來，科學愈發達，物質文明愈進步，而道德愈低落，精神生活亦愈貧乏，於是人們都感覺內心空虛，更覺人生渺茫恐怖而無所歸宿，因之對於生命不知有其意義，對其生活不知有其目的，這樣沒有生命意義和生活目的的人，只有懵懵懂懂的虛度一生，那對國家、對同胞、對世界人類究有什麼益處？這是關於世道人心的人，無不以悲憫的心情，認爲是目前最迫切而需要解決的問題。爲什麼今日世界人心有這樣渺茫和恐怖的狀態，而且愈來愈甚呢？其惟一原因，就是內心空虛而無法充實。」（四十七年耶穌受難節證道詞）

我認爲　蔣公這段話是對目前世界病態一個最正確的診斷。大家知道，　蔣公是十分重視科學的。他的意思是說，我們除科學以外，還要重視宗教與倫理，務使內心生活與物質文明同時並進。其實，世界上有深度的科學家，差不多都主張有神的。例如，十九世紀的最偉大的有機化學家巴斯脫，是一位很虔誠的天主教徒。當時有人問他：「像你這樣偉大的一個科學家，怎麼還能相信宗教呢？」他回答說：「可惜我還不夠科學。如果我對科學能再行深造一些，我的信仰將更會加強，可望與鄉下人一樣的虔誠。」　蔣公也曾指出一個很好的例子。他說：

> 近代科學權威愛因斯坦說：『將來最大的發明，總跳不出道德社會和精神生活的範圍，因爲我們對於科學，既已走上了身外的自然律，就應再回頭來去尋找我們那內在的生命法。』這裏愛因斯坦所要尋找的「內在的生命法」是什麼？那就是精神、靈性和道德律，亦就是耶穌所代表的眞理。
>
> 法蘭克曾經指出愛因斯坦對於宇宙萬有的見解，是認爲在自然界中有森嚴的秩序存在的；而且說從這秩序當中，可以見到「預定的和諧」。他這種對於自然結構的驚異，乃是一種宗教的情緒，也就是促使他立志成爲理論物理學者的最大動機。法蘭克又說，愛因斯坦認爲宗教與科學不但不相衝突，而且是相輔相成的。愛因斯坦說過：『沒有宗教的科學是跛子，沒有科學的宗教是瞎子。』」（四十八年耶穌受難節證道詞）

五、內心生活之重要

在西洋，這個轉向內心生活的趨勢，雖然並不普及，但是已見端倪了。這個趨勢，恰恰和我們文化復興運動不謀而合。這個現象，在目前漆黑一團的世界中，實在是一線曙光。中華文化的特徵，是在一切以內心爲主，再由內心漸漸地發揚到外面。西洋文化，好像是偏於以外界爲對象的，現在似乎已經覺得有轉向內心的必要，因爲祗有內心的修養，才能滿足一個人的最徹底最切身的需求。近世以來，西洋人的宗敎生活，也逐漸變爲儀式化，制度化，法律化，和膚淺化了。因而一般知識階級對於他們原來的信仰，也冷淡起來了。所以離開敎會的，日有所聞。其實，基督的敎義，和宗徒們的思想，是超越東西的；到後來落在西方人的手裏，才始逐漸變爲西方化了，連現代西方的優秀分子，也覺得這個宗敎已經喪失了原來的精神，一變而爲枯竭無味了。這實在是一個極大的危機。

在這裏，讓我向讀者陳述一些我親身所遭遇的有趣的經驗。從前我在美國新澤西州敎書的時候，時常被邀至別州演講。有次我到印提安那大學去演講。早上，我跑進了一個敎堂，馬上就有一位神父似乎很驚異地瞪着我說：「你不是吳博士嗎？」我說：「是的，神父！但是我們好像從來沒有碰見過，神父怎麽會認識我呢？」他說：「是的，我們是初會，不過我曾看到你的照片。

而且我正要寫信給你，現在在這裏邂逅相逢，可謂巧極了。因爲就在幾天以前，我利用着你的「超越東西」那本書，引回了一位很有學問的朋友。他本來是個教友，後來被東方的玄妙主義所吸引了，便覺得天主教太不夠味兒，遂離開了教會。最近，我介紹他研讀你的「超越東西」，裏面有一章是專述儒釋道三教的妙處的。他讀了那章，竟恍然大悟，原來一個天主教徒對於東方的精神傳統也能如此徹頭徹尾的欣賞，可見各宗教最高深的道理原屬同一心源——造物主的上智。結果他終於回到他原有的宗教了」。

最近我又接到一封很稀奇的信。這封信是從一個旅居加拿大的愛爾蘭人。看來他是個很有學問修養的人。他告訴我，他從小是天主教的信徒。後來拋棄了他的信仰。最近讀了我的「禪學的黃金時代」（英文本），他心裏發生了一個靈感，使他了解天主教中的許多道理是多麼美妙！於是他又被攝引回到天主教了。

你看這是多麼稀奇的一椿事情啊！當初我寫這部書，一心但欲宣揚中華文化的主流之一，並沒有想到傳教。現在竟會有西洋人被領回到天主身邊！這是什麼理由呢？我想這是因爲中國的一切學問，是注重內心的，會引領人們找到他們的眞我。祇要一找到眞我，就離天主不遠了。本來耶穌早已說過：「天國在你心中。」可是西洋人的心理，多偏於外向。殊不知，人們心理如果沒有天國，世界就永遠不會有和平之日。我們不求世界和平則已，要求世界和平，必須從我們方寸之間做起。 國父孫先生曾對我們說過：

「我們今天要恢復民族精神，不但要喚醒固有的道德，就是固有的智識也應該喚醒他。中國有什麼固有的智識呢？就人生對國家的觀念，中國古時有很好的政治哲學。我們以爲歐美的國家，近來很進步，但是說到他們的新文化，還不如我們政治哲學的完全。中國有一段最有系統的政治哲學，在外國的大政治家還沒有見到，還沒有說到那樣清楚的，就是大學中所說的「格物、致知、誠意、正心、修身、齊家、治國、平天下」那一段話，把一個從內發揚到外，由一個人的內部做起，推到平天下止。像這樣精微開展的理論，無論外國什麼政治哲學家都沒有見到，都沒有說出，這就是我們政治哲學的智識中所獨有的寶貝，是應該保存的。」（民權主義第六講）

我也知道，這個由內及外的路徑，好像是非常迂遠的，不過，要講世界和平，這條路是唯一「曲突徙薪」的辦法。除此以外，都是「焦頭爛額」的措施，說不定恐怕還是「抱薪救火」呢！在這個人欲橫流危機四伏的時代中，我們必須再接再厲，抱着知仁勇的三達德與信愛望的宗教精神，向前猛進。

末了，讓我借用「荒漠甘泉」中所引證的一首詩歌，來作本篇的結論：

要剛強，

我們不是來此遊玩，做夢，流浪，
我們有苦工要做，有重擔要負。
這是神的神賜，應該努力承當。
　要剛強，
莫說世風日下。誰使道德淪亡？
莫要袖手旁觀，隨俗浮沉，這是恥辱。
以神的名站起來，理直氣壯，正義伸張。
　要剛強，
不管邪惡植根多深，日子多長，
不管鬬爭進行得如何艱辛，
莫氣餒，繼續奮鬬，勝利之旗明天就要飄揚。

孔子思想與中華文化

一、中華文化是個有機體

中華文化乃是一活活潑潑的有機體。我們如要洞徹中華文化的眞相，必須拿中庸開宗明義的第一句來做我們的出發點：「天命之謂性，率性之謂道，修道之謂教」。這句話是用三個子句一氣呵成的；這三個子句是有不可分離的連貫性，而構成一個長句。因此，整句的話，令人聯想到一株富有生氣的大樹，以天命爲根，以人性爲苗，以道爲樹幹，而以文化敎育爲其枝葉和花朶。至於它的果實，在個人方面，是成就一個完美的人格；而在人羣方面，則是治國平天下，由小康而漸進於大同。

在這裏，兄弟想指出：儒家的「道」和道家的「道」，含義不同。道家的「道」，是相當於

「天命」；儒家的「道」則是指倫理的極則，相當於西洋哲學的所謂「自然法」。所以我在英文中就把這個「道」字譯爲「自然法」。這個譯法一方面既強調「道」字的倫理含義，而另一方面又隱隱的保存着它的形上基礎。正因爲有了這個形上的基礎，使儒家的人文主義不致成爲一個無本的或毫無宗教背景的人文主義。現代英國的一位歷史名家，克利斯多佛·道蓀，在他的「宗教和文化」一書中，對於儒家曾作一個極爲精闢的觀察說：

「儒家的精神是由天命所貫注，以天命來範圍社會和自然的一切。」

「孔子絕不否認天命的超越性，祇是他們這種超越性轉化爲支配社會和個人行爲的活的原則，以代替筮士和術士的神話罷了」。(Christopher Dawson, Religion and Culture, pp. 163,167)

二、中華文化以倫理為中心

總之，中華文化是以倫理爲中心的。在中國人的心目中，文化是如何堂堂正正地做人的大藝術，而一切特殊的文藝和學術，祇不過是這個大藝術多彩多姿的表現和器具而已。所以我們必需「依於仁」，才始可以「游於藝」。

所謂倫理，總括的說，不外乎仁。仁有三個方面：對天、對己、對人。對天的仁，就是事天與順天；就像孔子對哀公說：「仁者事天如事親。」（見禮記哀公問）又如易經革卦彖辭說的「湯武革命，順乎天而應乎人」。對己的仁，就是忠，忠於人之所以爲人的天性；這是修己的工夫，也就是孟子所謂「反身而誠，樂莫大焉」。（盡心上第四章）至於對人之仁，在消極方面，當然是「己所不欲，勿施於人」。世界上的學者，大都把這句話當作孔子的黃金律。值得注意的是孔子的黃金律，不僅是消極的，而且也有它的積極的方面，就如他所說：「夫仁者，己欲立而立人，己欲達而達人；能近取譬，可謂人之方也已」（論語雍也第二十八章）。這不是最積極的說法嗎？對人的仁，就是「恕」，「恕」也就是大學裏所謂「絜矩之道」，和這裏所謂「仁之方」。

三、仁的藝術

在孔子看來，一切文化（「斯文」）不過是仁的藝術而已。這個大藝術具有雙重的作用：第一要把自己修養得成爲一個眞善美兼具的人格；第二要以推己及人的精神，用教育的方法，儘可能地使所有的人也個個成爲眞善美兼具的人格。孔子是一位以身作則的教育家，他之被尊爲「萬世師表」，實在不是偶然之事。他在教人之中，自己仍然好學如渴，日求上達；同時他在修己之中，他永遠忘不了教人的義務。他眞是一位天造地設的教師。聽說最近在美國有把孔子的誕辰定爲「教師節」的運動，我想這是個最爲適宜的舉措。

當然，每個人是或多或少地時代的產品，孔子也不能例外。雖然他的思想有極小的部份已成爲明日的黃花，可是大部份都屬於萬古常新的人生智慧，在今日還是同二千五百年前一樣的新鮮，一樣的生氣蓬勃。

孔子是個胸襟非常寬大的敎師。他尊重每個學生的人生理想，他知道人各有志，不可相強的。「三軍可奪帥也，匹夫不可奪志也」（論語子罕）。他時常和藹地鼓勵學生述說他們的志願，他也坦白地述說自己的志願，但決不把自己的理想強迫他們去接受。即使在訓練他們的時候，也是用循循善誘，和切磋琢磨的方法，使他們自己去發明眞理。他對人絕不責備求全。他知道各人有各人的長處，也有各人的短處。他的興趣是多方面的，也充分欣賞各式各樣的卓越才能和優美人格。他說：「君子和而不同，小人同而不和」（論語子路）。這句話可以作爲自由世界的敎育方針。像孔子那樣尊重自由的敎師，當然爲極權主義的共產政權所不能容的。本來「同而不和」與「和而不同」是格格不相入的。

四、和諧是孔子人格與中華文化的特質

我們可以說，「和」是孔子思想的靈魂，也就是中華文化的特質。和就是和諧，根本上是個音樂的名詞。就如禮記裏樂記所說：「樂者天地之和也」。這也是爲什麼孔子在自修上與敎育上

那麼重視音樂。他說：「興於詩，立於禮，成於樂」（論語泰伯）。他自己對於音樂，如何愛好，如何深造，這是大家都知道的。可惜的是：後來儒家之中，似乎沒有一個對於音樂是有興趣的，不要說有深造了。

和諧也可以說是孔子人格的特色。比方，照他的學生觀察，他是「溫而厲，威而不猛，恭而安」（論語述而）。可見孔子人格的和諧，是由許多對位音所組成的一個大和諧。他兼具了北方的剛強與南方的溫柔。他曾說：「仁者樂山，智者樂水」（論語雍也）。孔子旣仁且智，所以他喜歡山，也喜歡水。他的人格，美得有如一幅理想的山水，越看越令人入迷、令人出神。他曾說：「吾未見好德如好色者也」（論語子罕）。可是，像孔子那麼盡善、盡美的人格，你要不欣賞，恐怕也是不可能的吧。

老實說，兄弟自從在小學裏開始學習論語以來，到如今不知不覺地已過了六十多年了。在這悠長的時間之中，我從來沒有忽略過這部奇書；即使在旅行之中，也往往將論語帶在身邊。在家中也常將論語放在牀邊小几上，入睡之前，隨意翻閱一下，好像「宵夜」一樣，心裏便覺非常舒服，爲失眠之良藥。原來良師益友，不是時時處處找得到的，可是有了論語在你身邊，便可隨時得到良師益友。

兄弟對孔子人格的欣賞，有下列的幾個感想：

孔子的仁義，是大仁大義，所以他決不是煦煦爲仁，孑孑爲義的。

孔子的話是情理兼顧的，所以他並沒有一般理性主義者的武斷或不近人情。

孔子對於什麼都有節制，可是對於節制也有節制，並不過份的節制。

孔子有特立獨行的個性，可是他絕不是一位個人主義者。

孔子是愛羣樂羣的，可是他絕不受羣眾心理的影響，而且也不是個社會主義者。

孔子好古而不爲古人所奴，求新而不爲時代潮流所左右。

孔子是富於創作力的，可是他決不像一般自作聰明，或自我作古，一有小小發明，即便沾沾自喜，驕矜自滿之徒。

孔子有內心的快樂，所以不因遭遇逆境而致情緒低落。

孔子對天有絕對的信賴，所以雖不見知於世，卻以見知於天而自慰。

孔子的人生理想，非常的高，所以他對於自己的估計，永遠是謙虛的，常有學到老，學不了的感覺。他的發憤忘食，不知老之將至的精神，是由謙虛而來的。

這些觀察，不過是兄弟的管見，貢獻於諸位學者，以求拋磚引玉而已。

五、寓作於述的心傳

孔子雖說「述而不作」，可是，不能否認的，他的「述」中有「作」，只是他的創作，不是故意的。他曾說：「我非生而知之者，好古敏以求之者也」（論語述而）。這句話的着眼在乎「敏字」。可見他的好古，並不是盲目的，而是有判斷，有選擇的。他說：「三人行，必有我師焉，擇其善者而從之，其不善者而改之」（述而）又說：「蓋有不知而作之者，我無是也。多聞擇其善者而從之，多見而識之，知之次也」（述而）。在整個文化遺產之中，孔子獨具慧眼，能把所有眞的、善的、美的，選擇出來，加以一個有一貫性的綜合，再將此富於生命活力的綜合，傳授給學生，留傳於後世。所以孔子的創作，不是小創作，乃是大創作。他不但把現成的文化留給後世，而且將自己大創作的心得與方法也留給後人。因此，他所傳下來的文化，也像他自己的做人和爲學一樣，是開放的，而且永遠是富於吸收的能力，能於所接觸的別的文化之中，擇其善者而從之，其不善者而去之。而且我國文化與別的文化之間，是互相影響的，不但有所吸收，也是有重要的貢獻。

六、儒家與釋道二家的關係

兄弟並不主張儒家能代表中華文化的全部，至少道家和釋家（尤其是禪宗）也是重要的構成份子；可是這其間也有一點值得注意的分別：儒家是把文化當作一個主題而加以認眞研究，因爲孔子與歷代大儒都是以「斯文」爲己任的；道家乃以自然爲重心，而釋家更以形上界爲重心。儒家是優游於六合之內，人間之世；而道釋二家是逍遙於六合之外的。因此，儒家對於文化的貢獻是直接的，而道釋二家的貢獻是間接的。可是這間接的貢獻，也是非常的重要，因爲它們的精神，卻爲中華文化構成了一種超越而虛妙的氛圍。要之，倘若沒有儒家，中華文化將成爲空洞無物，沒有內容的東西。但倘若沒有道釋二家超越思想和空靈意境爲之氛圍，則中華文化也不會有那麼天馬行空、逍遙自在的氣象，而在世界上恐怕也不會有這樣不可抵抗的吸引力。用烹飪來作比方：儒家是一條新鮮的魚，而道釋二家則是調味品；旣有了名貴的魚，又有了適當的調味品，才成爲一件膾炙人口的名菜。我國儒釋道三家，實在是相得益彰的。

那麼，爲什麼儒家是中華文化的主流呢？其主要的理由就在儒家——至少是偉大的儒者——繼承孔子溫故知新，而且不斷地吸收衆長的心得。卽如宋明理學與心學之所以能如此蓬蓬勃勃地蔚爲大觀，是因爲當時的大儒多能氾濫於諸家，出入於老釋，而返於六經。例如朱子語錄裏，就有一則說：

因舉佛氏之學，與吾儒有甚相似處，如云：「有物先天地，無形本寂寥，能爲萬象主，不逐四時凋」。又曰：「撲落非他物，縱橫不是塵，山河及大地，全露法王身」。又曰：「若人識得心，大地無寸土」。看他是甚麼樣見識！今區區小儒，怎生出得他手，宜其爲他揮下也。此是法眼禪師下一派宗旨如此。(見黎靖德編朱子語類卷第一百二十六，九頁)

我們如果記得朱子乃是宋明諸儒中最嚴謹的一位，還是如此開放，那其他大儒如程明道、陸象山、王陽明諸先生，更不必說了。再進一步說，開放絕不是可恥的事情，也並沒有使儒家哲學變質，反而能光大儒家的門楣。因爲，不失自己的立場，而能吸取人家的長處，使與自己的哲學融爲一爐，這正是儒家過人之處，也就是儒家的特質之一。

七、三民主義與中華文化

國父孫中山先生根本上也是一位儒家。他秉承着孔子日新又新、擇善而從的心傳，從古今中外的學說之中，憑其慧眼選擇了最適國情、最合時宜的成份，而演成了三民主義。在本世紀的初葉，當「全盤西化」與「打倒孔家店」的口號喊得響徹雲霄的時候，他抱着獨立不倚、和而不流的中庸精神，一方面對西方的科學文明提倡迎頭趕上，另一方面對我國固有道德和政治理想則主張保全勿失，並且發揚光大。他又指出：在中華文化中，科學也早已生根抽芽了。中國人是富於發明的天才，只是沒有充分發展罷了。所以，迎頭趕上，也不是一個不切實際的理想。

民國十年十二月下旬，共產國際代表馬林（Maring）抵桂林晉謁 國父時，曾問 國父說：「先生革命之基礎爲何」？ 國父答：「中國有一道統，堯、舜、禹、湯、文、武、周公、孔子相繼不絕。余之思想基礎，卽承此道統，而發揚光大耳」。馬林不解其意，再問 國父，國父所答依然如此。馬林又問中國革命的動機何在？ 國父說：「爲愛人而革命」。而馬林則說：「共產黨乃爲恨人而革命」。（見 國父年譜增訂本）

可見三民主義是深深的植根於那以儒家所闡揚的仁道爲中心的中華文化之中的。關於這點，德國的著名漢學家衞禮賢先生曾下一個極爲中肯的評語說：

孫逸仙的偉大，在於他能在儒家的根本原則，和現代的需要之間，找到了一個活的綜合。這個綜合不僅在中國有其影響，卽對整個人類也具有深長的意義。孫逸仙兼具了革命者百折不撓的毅力，和淑世者一視同仁的博愛。孫逸仙是人類史上所有革命者中最仁愛的一位。這個仁愛，他是從孔子遺敎中繼承下來的。因此，他的思想構成了新舊時代間的一座橋樑。如果中國能毅然決然地踏上這座橋樑，那將是中國復興的康莊大道。

（語見戴季陶著「孫文主義的哲學基礎」德譯本的序文中）

八、中華文化復興運動

我們都知道，目前在中國大陸的毛匪政權之下，打倒孔子的運動，弄得越來越猖狂了。他們處心積慮要將中華文化連根剷除，因而也不得不先把孔子徹底清算。相反地，自由中國的學人，在最近二三十年中，對於孔孟思想的興趣和欣賞，卻有非常顯著的表現。六七年前，政府更把國父的誕辰訂爲文化復興節。在發起文化復興運動時， 蔣公指出了「倫理、民主、科學」爲我中華文化之基礎，並且說明此三者也就是三民主義的精神之所在。（見「 蔣公文告暨訓詞：中華文化之復興」）現在這文化復興運動正在蓬蓬勃勃地開展着。

總結一句來說：目下自由中國與共匪政權之爭，是人道與反人道、復興文化與破壞文化之爭。同時，也就是擁護孔子與打倒孔子之爭。

孔子內心生活的三部曲

一、進步的觀念——孔子的構想

精神生活的核心，在於仁愛。因此，精神生活的進步，全在於仁愛的成長。孟子說得好：「五穀者，種之美者也，苟爲不熟，不如稗荑。夫仁，亦在乎熟之而已矣。」（告子上）中庸也說：「君子之道，譬如行遠，必自邇；譬如登高，必自卑。」聖伯爾納多也曾表示同樣的見地，他說：「在修養聖德的路上，我並不希望一下子就登峯造極，我寧願腳踏實地，循序漸進。」（Sr. Bernard, Sermars on the Canticle of Canticles）

無論什麼宗教或人生哲學，沒有不強調精神生活是不進則退的。即如主張頓悟的禪宗，同時也強調頓悟之後，必須有不斷的漸修工夫，所以禪師們常說「百尺竿頭須進步。」（關於頓悟漸修

之說，可參考吳怡所譯拙著「禪學的黃金時代」一五七頁）

很稀奇的，古今中外的聖哲，大都把精神生活的進步，權分爲三個大階段。比方，釋家常說「戒、定、慧」。又說：諸惡莫作，眾善奉行，自淨其心。儒家常說「及門」、「升堂」、「入室」。孔子似乎最喜歡用三段的說法。他曾說：「知之者，不如好之者；好之者，不如樂之者。」（論語雍也）又說：「興於詩，立於禮，成於樂。」（論語泰伯）有一次，孔子鑒於弟子們的精神修養之有始無終，歎息着說：「苗而不秀者有矣夫！秀而不實者有矣夫！」（論語子罕）孔子對於精神生活的進步，爲什麼能說得這樣的親切有味呢？這是因爲他所說的是從他平生身體立行和默識心通中體驗出來的。孔子曾把自已精神生活的過程，總括地陳述說：

吾十有五而志于學，三十而立，四十而不惑，五十而知天命，六十而耳順，七十而從心所欲，不踰矩。（論語爲政）

根據這個自述，我們可以把孔子的一生分爲三個時期。自十五歲至三十歲，代表第一期。這第一期是相當於「興於詩」和「知之」的舒苗時期。自三十至五十，代表第二期—相當于「立於禮」和「好之」的開花時期。自五十直至他的逝世，代表第三期——相當於「成於樂」和「樂之」的結實時期。

我在這裏，先要對「知之」、「好之」、和「樂之」的三個階段，略加發揮。這裏所說的「

之」字，顯然是指仁道而言的。大體的說，「知之」的工夫，是以認識仁道的重要性及其基本原則為本務。這是精神生活初步的工作。在這時期，我們必須立志成聖，改過向善，勉強力行，不可稍有懈怠。在精神生活開始的時候，勉強力行的一段工夫，是決不能避免的。經過了相當時間的嚴格訓練之後，我們對去惡行善的工作，才會漸漸地感到興趣，直至進入「好之」的階段。最後，興趣變得越來越濃，我們就覺得欲罷不能，甚至能以好色之心好德，以愛財之心愛道，這樣纔能由「好之」的地步而進入於「樂之」的境界。依筆者的看法，「好之」與「樂之」之間的分界，在於「下學」與「上達」之間。「好之」雖比「知之」較為進步，較為自然，然而終還不脫「下學」的境界。在孔子的一生，直至五十以後，方纔由知天命而進于樂天。這纔是「上達」。所謂「耳順」與「從心所欲」，都屬於「天人合一」的時期，兩者之間不過是程度上之深淺而已。

二、詩、禮、樂

孔子不但對於自己的修養，有非常深刻的體驗，他對教導學生的方法與程序，也有極妙的構想。我認為，他所說的「興於詩，立於禮，成於樂」，就是他的教學大綱。在孔子看來，要做一個健全的人，必須經過三大階段。首先，他對人生的種種關係與問題，必須有濃厚的興趣和豐富的常識。孔子深知指導初學的人，最重要是循循善誘地拓開他們的眼界，放大他們的胸襟，鼓舞他們對於眞、善、美的興趣，堅定他們對於成聖成賢的志向。要達成這個任務，孔子當時所能用的敎材，莫善於詩。孔子對於詩，重視極了。他曾說：「小子何莫學夫詩。詩可以興，可以觀，可以羣，可以怨；邇之事父，遠之事君；多識於鳥獸草木之名。」（陽貨）他有一次對他的兒子伯魚說：「女（汝）爲周召南乎？人而不爲周南召南，其猶正牆面而立也與！」（陽貨）他對「關雎」的評語是：「關雎樂而不淫，哀而不傷。」（八佾）他對詩的總評是：「詩三百，一言以蔽之，曰思無邪。」（爲政）

無可否認的，三百首中，也有私奔的詩，但是私奔的結果，總是悲慘的。像衞風中的「氓之蚩蚩」一詩，是最佳的例子。因此，孔子認爲詩的敎訓，不外乎「思無邪」的一句話。

可是，詩的主要作用，是在引導學生對多彩多姿的人生發生興趣。這就是顏淵所說的「博我以文。」（子罕）但是「博我以文」之後，接着就是「約我以禮。」可見敎導學生，「興於詩」只是初步的工夫，第二步就是「立於禮。」在孔子的敎學程序中，禮實在是中堅的一環。有次顏淵問仁，孔子回答說：「克己復禮爲仁。」（顏淵）顏淵接着又問克己復禮的節目，孔子說：「非禮勿視，非禮勿聽，非禮勿言，非禮勿動。」（同上）很顯然的，詩是開發的工夫，而禮則是約束的工夫。對於詩與禮的微妙關係，論語裏有一段孔子與子夏的對話，說得最爲明白曉暢。子夏問曰：「巧笑倩兮，美目盼兮，素以爲絢兮，何謂也？」孔子說：「繪事後素。」子夏又問：

「禮後乎？」孔子說：「啓予者商也！始可與言詩已矣！」（八佾）對於「繪事後素」這句話，有二種不同的解說。有的是把它解作素在先而文彩在後。朱熹就是這樣說法。有的是把它解作繪畫之事，以素功爲後。鄭玄，何晏，劉寶楠等，都主張此說。劉氏的論語正義，就引徵鄭氏說：

> 鄭曰：「繪畫文也。凡繪畫先佈衆色，然後以素分布其間，以成其文，喻美女雖有倩盼美質，亦須以禮成之。」

我覺得鄭玄之說是正確的，因爲這和孔子說的「興於詩，立於禮」，與顏子所說「博我以文，約我以禮」，是一氣貫通的。

禮的涵義雖然包括外表的儀式與禮節，但是它的核心是在於仁義道德。禮的最高原則是：「己所不欲，勿施於人」，和「己欲立而立人，己欲達而達人。」（顏淵）禮也可以說是仁義的實踐。所以，「立於禮」這個階段，也可稱爲精修仁義的時期。假若詩是仁之「苗」，那末，禮便是仁之「秀」了。

至於「成於樂」，那是精神生活最後的一步，也是最高的境界。禮記中的樂記，雖然不是孔子自己的作品，但無疑的代表他對樂的觀念。樂記說：「樂者爲同，禮者爲異。同則相親，異則相敬。」又說：「大樂與天地同和，大禮與天地同節。」又說：「樂者天地之和也，禮者天地之序也。和故百物皆化，序故羣物皆別。樂由天作，禮以地制。」樂記接着又發揮了禮樂兩者的宇宙意義，說：

仁近於樂，義近於禮。樂者敦和…，禮者別宜…。故聖人作樂以應天，制禮以配地。禮樂明備，天地官矣。天尊地卑，君臣定矣。卑高已陳，貴賤位矣。動靜有常，小大殊矣。…如此則禮者天地之別也。地氣上齊，天氣下降，陰陽相摩，天地相蕩，鼓之以雷霆，奮之以風雨，動之以四時，煖之以日月，而百化興焉。如此則樂者天地之和也。

依我所知，這是古今中外論禮樂的最崇高、最美妙的一篇文章。它似乎與易經的繫辭同一作風，也許是出於同一手筆，也未可知。其間對於異與同的妙用，令人想起易經中的睽卦。睽卦象辭裏說：「天地睽而其事同也，男女睽而其志通也。萬物睽而其事類也。睽之時用大矣哉！」這裏所謂「睽」就是「異」的意思。所以象辭就說：「君子以同而異。」我們也可以說：君子以異而同。這也就是孔子所說「君子和而不同」的眞義。

樂記裏還有一段文字是和孔子的人生哲學有密切的關係，值得我們特別注意：

樂者樂也，君子樂得其道，小人樂得其欲。以道制欲，則樂而不亂；以欲忘道，則惑而不樂。

「音樂的目的無非在令人愉快悅樂，但是快樂有兩種，一種是「樂得其道」之樂，一種是「樂得其欲」之樂。「樂得其欲」之樂，結果還是不樂。惟有「樂得其道」之樂，纔是歷久彌新而且和而不流的內心悅樂。也惟有能助成這種和樂精神的音樂，纔是正當的音樂。凡是只能導致人欲橫流的音樂，皆爲孔子所嚴斥。所以，孔子所謂「成於樂」乃指正當的音樂而言，正如孔子之所謂「好之者不如樂之者」之樂字，乃是指「樂得其道」之樂。

孔子在晚年，越來越「樂得其道」，甚至到了「發憤忘食，樂以忘憂，不知老之將至」的田地。這實在是值得我們欣慕的。我站在基督信徒的立場上，更覺得孔子對精神生活進步層次的體驗，與聖經所啓示的，不謀而合，如出一轍，而且可以互相參證，眞可謂同明相照，同聲相應。因此，我的內心時常感受到宗教與倫理雙重的悅樂，眞的是「不知手之舞之，足以蹈之」！

孔子真面目

吳經熊英文原著
林顯庭中文翻譯

一、請還孔子本色

人而被奉爲神，運氣實在壞透了；書而被尊爲經典，運氣也是糟透了。孔子早成了人們渴神企望下的犧牲者；而論語，那包含孔子活潑的對話與有趣軼事的迷人小書，也成了人們盲目崇拜下的犧牲品。他做過的每件事都被想成是完美的；他所說的每句話都被認定是人類智慧中的無上名言。因爲，他不是生而知之，且專爲傳遞文化使命而來的嗎？他雖極力否認自己生而通慧，但這事實只被視做謙遜的表現。在其崇拜者手中，變成了一位神化的人物。

他摸索眞理時的心路歷程，以及各種內在衝突的可能性，打一開始便被擯棄不談了。人們把任何挑自他言行中的矛盾，認爲都只是表面的；而儒者也爭相以才思慧巧來縫合及熨平他言論中的傷口與摺痕，因爲，對他們來說，孔子十全十美已是不爭之論，所以他不可能犯錯。可是這些智多的師爺與拘謹的小儒，也確實把孔子裝扮得十足正經與呆板了。

然而，時代之輪終於反轉了。就在推翻滿清的革命期間，一股驚人的反孔運動形成了。熱血的年輕人開始廢棄他的保守傾向與封建見解。在他們看來，孔子是個對現代精神完全陌生的老頑固：指他代表着保守主義的一切，且要負起中國所承受的一切苦難之責任。打倒孔家店！神孔已一變而爲妖孔。

膜拜孔子與詆毀孔子的兩種人，有個共通的毛病，即是盲目。第一種人盲目地豎立一個木偶來供奉；而同患目盲的第二種人，卻造了個草俑來焚燒。他們都未曾認眞發掘過孔子的眞面目，也未曾就他的心態及所處的時代，來正視他的問題。

至於我對他的了解，最近是個分水嶺，在這之前，總感到孔子恰似那些晦澀性質，如：尊貴、冷峻、嚴厲、拘泥、謹愼等的化身。印象中總覺得他是位爲形式而固執不讓，只堪遙敬而不宜親近的人。我一直把他看成如深雲遮峯的崇山峻嶺，高不可測。

我的這份嫌惡感，來自舊式的敎育制度。當我還不到十歲，曾是舊式塾校的一名童生，那時論語還被用做敎本。當然讀起來頗感艱澀，可是不管願不願意，小塾生們每天都被強帶着研讀並且背誦幾頁。不知其他孩子們感覺如何，我則苦如呑膽。本屬稚心對難懂之敎示所產生的畏厭感，很容易便移向書本本身；而由書本再移向書中的主角，也就不過跨個一小步而已了。

除了某些場合不得不引用幾條論語章句之外，我冷落了它二十五年之久。近來，偶爾重拾論語，而隨意讀之，竟然深受吸引而能一口氣讀完。因爲孔子的個性是那麼生動而實在好似要復活一般地展現在這本奇書之上，甚至好多處幾乎感到他跳出了書頁而與我存問哩。這本英語中通常稱爲「語錄」的書，充滿了軼聞，也提供了有關這位偉人的性格之無價線索：一位滿懷無限苦惱的人！而他也多幽默地承受這無邊的苦惱啊！在那沈靜的外表之下，該會有多麼巨大的暗流在他內心洶湧翻騰呢！只有窮其一生，不斷地中和自己體會到內性牴突之後，所凝聚的寧靜與莊嚴，才能顯得如此的雍容自然吧！

他強烈的仁愛觀吸引了我。任何人可以不同意他的政治觀點；可以訕笑他對社會儀節的過分注重；甚至可以取笑他私生活中的挑剔、拘泥。然而就全體以觀，則誰都不得不讚歎他的人格之美，此即本文研究這一出色生活藝術家的才華與個性之目的。期望能夠透入他的心靈，以檢量它的生命力之動量與強度；以揭露如艾密爾・路德威所慣說的「心靈情結的不息之流，以及它對行爲衝動與循訓節抑之間的平衡作用。」

二、尋覓父統

據說雙親的選擇很重要，雙親一選對了，則新機體自然會順利出生。假如我們可以由果實來判斷樹身的話，便不得不說孔子是選對了雙親。況且，還有一些客觀事實支持此一說法，即孔子似乎不是在傳統禮敎的婚姻制度下誕生。另一意味深長的事實是他父母間年齡的極不相稱：父老母少，而且關鍵即在老少之對立上——老則智慧熟透，少則心靈柔嫩，而孔子一身秉承有二者之長。

在孔子剛出生，或至少出生後不久，便失去了父親。他母親爲了某種理由，從不向他說出乃父遺體之葬處。是以，當他母親一死，他不得不暫時葬她在「五父之衢」——「蓋其愼也！」司馬遷的說法如此（史記孔子世家）。直到一位老嫗指點他父墓所在，才得以使父母之棺合葬一處。一個失怙的小孩！一個不但未識父親生前儀貌，且長期懵昧於父骨所在的小孩！父統之追尋必很早就在孔子的生涯中展開了。

對小孩而言，有父親即等於擁有可資崇仰的人，擁有絕無謬誤的嚮導及生活上的支柱。假使爲人父者活得夠久，則小孩對他的崇拜往往會自行幻滅，因爲生身之父的言行有一天絕對會罩不住孩子對他的期望。可是，如果爲人父者死得太早，則覺醒的機會就少了，因爲父親的影像會頑強地停留在小孩的初始印象之中。

就孔子而言，尋覓父親的意願早已深深地透入他的潛意識當中，且終其一生未曾斷過。另一方面，他的綜合與抽象的才能，很早就展開了，我們由他暫時葬母於「五父之衢」的事件中已可窺見其端倪。當他逐年成長，父統的觀念越來越昇華，直到以天爲父爲止。然而不管父統之追尋以那一種方式來進行，它們的主要觀念卻是一致的，即：要擁有一位永無謬誤的嚮導，以便到達安固的據點，從而證取那最高、最完全也最眞切的典型。

基於此義，吾人當能了解他何以不斷地審諦古事、古盛世，和努力不懈地恢復並保全事物的傳統秩序與制度；也因而能同情他對孝道以及追懷先祖的強調。因爲，自幼失怙的他，必曾下意識地感到整個世界如欲沈落；所立的地面直欲崩潰一般。尤需指出的是，這一主觀上的無恃與不安之感，被當時混亂的天下情勢大大增強了，因他正好站在迅速衰微的封建制度與開始萌芽的個人主義之間的分水嶺上。他曾奮力抵擋他及弟子們稱做「道喪禮壞」的時代狂瀾，在他們心目中，該時代正瞪眼看着人性滅絕的慘劇。

吾人願意承認：孔子並未抓住該時代較深一層的意義而走在時代的尖端，而且就整體來講，他是偏於保守的。較之其他現實的同代人而言，他成了一個花費大半生只迷戀地在「死人堆中找活計」的怪人。然而本文意不重在討論他的政治哲學，因此，只願指出：由於他受其早年環境及所處之時代背景的影響，他只有這一條路可走。吾人所眞感興趣的是：了解「父統」這一概念，在孔子自我啓悟的過程中，所顯現出來的各種微妙形式。

孝道的種子是前人所播植的，但孔子則盡其灌漑的能事，使得它在稍後的中國歷史中變成了崇拜祖先的制例，這一事實眾所周知，無需贅言。一般都同意：假如孔子不是喪父得恁早，則其孝德的源泉可能不會如此宏沛充盈。

他常常夢見周公是大家熟知的事。有次他歎道：「甚矣！吾衰也。久矣！吾不復夢見周公。」（述而），周公生於紀元前十二世紀，而孔子生於紀元前六世紀中葉，這兩位高人相差至少有五世紀之久。自然，孔子不會在淸醒時見到周公，然而他的確在夢境屢見周公。這除了意味着周公有時成了理想的父親之表徵而外，還能意味什麼呢？

他久不復夢見周公的事並不等於——他自己以爲等於他的精神活力已在逐漸衰退中，相反的，我覺得那正顯示它已漸獲增強。可能，那時他的進境已達以天爲父了。下列擇自論語中的幾節文字當可支持我的假定：

子曰：「天生德於予，桓魋其如予何？」（述而）

子曰：「莫我知也夫！知我者，其天乎？」（憲問）

子畏於匡，曰：「文王旣歿，文不在玆乎？天之將喪斯文也，後死者不得與於斯文也；天之未喪斯文也，匡人其如予何？」（子罕）

每當孔子憂煩或苦惱之時，都會呼喚天，在天之懷抱中，他找到了所需的安全感以便袪除那種搖撼無助的恐懼。上面所引的最後一節尤其有意思：出現了小孩向父親——在此指天——表現抗議、不依的一幕。他實際上是說：「假如你（天）竟肯讓匡人害死我，你便要負文明毀亡的責任，因爲是自己要我做文明的承擔者與傳遞者的。死我並不在意，不過你也明白，你的後裔會深受其苦的。」多可愛、多稚氣、多天眞與多懇摯呀這個人！——一個多少人認他是聖神之活化身的人！

對於自己靈慧生命的成長過程，沒有人能比他自己講得更精當，他說：

「吾十有五而志於學，三十而立，四十而不惑，五十而知天命，六十而耳順，七十而從心所欲不踰矩。」（爲政）

要言之，他的全部生命就是一個「學與聽」而這不正是幼兒學習與傾聽之天性嗎？直到七十歲他才無恐於踰越適當界限而敢安於耽享某些自由之樂，則要到這個時刻才可說，小孩的他已契入而證取最高的父統了。他自行比對於天的例子多的是，有次他說：「予欲無言。」當時子貢即問道：「子如不言，則小子何述焉？」孔子答道：「天何言哉？四時行焉，百物生焉，天何言哉？」（陽貨）在死前不久，他甚至夢見自己成爲被敬拜的對象。禮記記載了這段有趣的夢：

孔子早作，負手曳杖，逍遙於門，歌曰：「泰山其頹乎；梁木其壞乎；哲人其萎乎！」既歌而入，當戶而坐。子貢聞之曰：「泰山其頹，則吾將安仰？梁木其壞、哲人其萎，則吾將安做？夫子殆將病也。」遂趨而入。夫子曰：「賜，爾來何遲也？夏后氏殯於東階之上，則猶在阼也；殷人殯於兩楹之間，則與賓主夾之也；周人殯於西階之上，則猶賓之也。而丘也，殷人也，予疇昔之夜，夢坐奠於兩楹之間，夫明王不興，而天下其孰能宗予？予殆將死也。」蓋寢疾七日而沒。(禮記檀弓上)

唐代著名的玄宗皇帝，在他「經魯，祭孔子於廟」之後所寫的詩中所提到的，就是這一個特殊的夢：

夫子何爲者？栖栖一代中。
地猶鄹氏邑；宅卽魯王宮。
歎鳳嗟身否；傷麟怨道窮。
今看兩楹奠，當與夢時同？

三、陰陽相揉

伊登・菲勒朴說過：「每位藝術家都融男人、女人、小孩爲一體。」孔子，偉大的生命藝術家，確是這一睿見之佳證。他如何爲生命保留一份稚眞我們已經見識過了，如今我們還當疏理他性格中另外兩種面貌，卽精神架構中之男子氣概與女子氣質。

事實上，他似乎較合於艾德華・卡本特所說的中性。當然這不是就生理上而言；因爲，就孔子的身體來說，他高拔、魁梧、健壯、元氣淋漓；然而在精神方面，他並不專顯雄桀，反涵藏不少女性氣韻。在雄勇方面，他進取、果敢、活躍似耶穌；然而他也和藹、溫煦、體貼、多情似女人。他個人堅貞的身心，兼備了睿敏的性靈與善感多情的氣質。對於弟子們，他施予的母性之溫存並不少於父性之督責。顏回去世時，孔子由於極度哀傷而哭昏了，從者說：「子慟矣！」他答道：「有慟乎？非夫人之爲慟而誰爲？」（先進）這件事顯露了多大的母性之親切感啊！然而，即令在最哀傷的時刻，他仍保有健全的識見，當門人想要爲孔子厚葬顏回之時，孔子堅予反對。不過他們還是不理會而照做了，孔子說出他的理由道：「回也視予猶父也；予不得視猶子也。非我也；夫二三子也。」（先進）

論語記載另一有關顏回之葬事，同樣顯示着孔子的男式強硬。據說，顏回剛死，其父顏路，也是弟子之一，請孔子以車爲賵，好賣它而買一副外棺（椁），表面上這似乎可行，因爲孔子深愛着顏回，但是孔子率直地拒絕了，說：「才、不才，亦各言其子也。鯉也死，有棺而無椁。吾不徒行以爲之椁，以吾從大夫之後，不可徒行也。」（先進）

這並不是說孔子吝嗇，而是這個人實際上具有兩極個性，溫柔與嚴肅、和藹與剛烈合在一身；要言之，是個道德上的陰陽人。

他與另一弟子，子路之間的關係，更披上大量這種人格情態之色彩。在所有弟子當中，他拒斥子路之次數最多，而依然無限喜愛子路。說實在的，我猜想子路在老師心中的地位很可能只次於顏回呢。然而子路是位個性急躁，粗曠率眞型的人，就像一頭暴躁、力強，卻只曉得蹦跳蹙踏而不懂得奔馳的馬，很顯然的，需要不斷的抑制與磨練。孔子是由於愛之深，才責之切的。下面摘自論語的事蹟，顯示了孔子的教育藝術之本色。特別是他控勒子路之策略：

子路問：「聞，斯行諸？」子曰：「有父兄在，如之何其聞斯行之！」冉有問：「聞，斯行諸？」子曰：「聞，斯行之。」公西華曰：「由也問『聞斯行諸』，子曰『有父兄在』；求也問『聞斯行諸』，子曰『聞斯行之』，赤也惑，敢問？」子曰：「求也，退，故進之；由也，兼人，故退之。」（先進）

就是對子路，他也會適時地施以溫柔之翼護；有次，子路鼓着瑟，而樂音中顯然有急音與激韻，孔子聽到之後，直覺其必來自子路所奏，乃大聲地說：「由之瑟，奚爲於丘之門？」於是門人不敬子路，孔子復以儼然慈母之態度，高聲地說：「由也，升堂矣，未入於室也。」（先進）

有時，孔子又怕施予太多關愛於子路，會寵壞了他，於是，卽使在剛誇獎過他之後，也會毫不猶豫地皺起眉頭來。下列是個很顯著的例子：

子曰：「道不行，乘桴浮於海。從我者，其由歟？」子路聞之喜。子曰：「由也，好勇

過我，無所取材。」（公冶長）

孔門弟子，雖然還未充分掌握孔子多才多藝而又高度統合的個性特質，只憑觀察他的外表舉止，也能隱約感覺到他們個性中的兩立格調；因而他們稱述道：「子溫而厲，威而不猛，恭而安。」（述而）假如他的進而探究過這一兩立格調之深切源頭，將會發現，在孔子身中，男女氣質已調和爲一。

有次一位弟子問他所最深懷的志願是什麼，他提到三件事，所謂「老者安之，朋友信之，少者懷之。」（公冶長）一般都認爲，這一自我的表白，足可印證我們對孔子的三層個性之理解爲無誤。

四、風趣與火氣

不只與弟子們在一起時，而且在生命中的所有片段，孔子都顯露出複雜的人格。禮記載有一則極別緻的趣事：

子貢觀於蜡。孔子問曰：「賜也，樂乎？」對曰：「一國之人皆若狂，賜也未知其樂也。」子曰：「百日之蜡，一日之澤，非爾所知也。張而不弛，文武弗能也；弛而不張，文武弗

爲也。一張一弛，文武之道也。」（禮記雜記下）

子貢，眾所周知的，是個機巧的商人。孔子曾說他「臆則屢中」（先進），從今日所存的一切證據中，吾人大可斷言子貢是個單調乏味的功利論者，子貢那種現實而勢利的心智，極自然地會如孔子所說的，無法了解節慶之精蘊。

至於孔子，情形就大大不同了。卽使他的個性認眞，生活奮發、勤勉多通而自信滿滿，也決忘不了在憂時慮世之外，要有定時的鬆弛與舒緩之重要性。他已體契道德之妙，所以不會有多烘頭腦、道學模樣；他率性任眞，所以不會矯揉造作，嚴情禁欲；他豁通人性，所以不會縱慾濫情、以人蔑物；他最擅長節制，甚至對節制也有節制，所以不會過度節制。

威廉·占姆士講授鬆弛之眞理，不過是孔子的智慧之反響罷了。他察覺到「就像腳踏車的鏈子可能太緊一樣，人的細心與專心也可能緊張得妨礙心智的運轉。」孔子的時代還沒有腳踏車，所以孔子不曾想到這種譬喻，不過那時有弓弩，如果弓被拉得太頻或太猛，咚一聲，便折了。過度緊張的道德感也會發生同樣的結果。是以，中國聖者與美國心理學家實際上敎給我們的是同一課題。最近，一位英國哲學家，懷海德，在其對自由與戒律之循環式需求一文中，也強調了悅樂與開朗在人生中的重要角色；因爲「悅樂是維持蓬勃的生氣所需之正常而健康的激勵」；而開朗是「爲獲致均衡的心智所必要之成分」。想到中國智慧正往西進，確實令人鼓舞。

西方的種種科技成就的確出奇，不過，只在堪爲人生藝術貢獻材料時，才有其重要性。若誤把它們當成目的，而非達到目的的手段，則將如愛因斯坦所說的，這些靠發明天才所辛苦獲致的成就，就會像「三歲小孩揮舞着剃刀」一樣。

孔子對藝術的熱愛平衡了知識上的好奇心。一如巴特爾所指出的：「一切藝術都不停地追企樂音之境。」是以孔子對音樂會有那麼多的了解，便無需詫異了。論語生動地述說他沈浸在音樂之享受中的渾然情況：

> 子在齊聞韶，三月不知肉味，曰：「不圖爲樂之至於斯也！」（述而）

必當是美感給了他對事物的比例與安當性有如此敏銳的意識。而由美感的峯頭，他更攀登到能以恰當透視位置來瞰察世俗事物的極頂，甚至洞達了生命的無常本身。他看着不停流逝的河水，便不由得興起一陣慨歎：「逝者如斯夫，不捨晝夜！」（子罕）生命豈不似駒光之過隙？何不悠然以度之？

有次，四位弟子隨侍着孔子，孔子以悠閒的神態，指示每人都要說一說自己一向懷藏的志願。在其中三位道出多少與政治權力有關之內容後，孔子轉向曾皙道：「點，爾何如？」碰巧曾皙正鼓着瑟；離瑟而起，音猶鏗然，對曰：「異乎三子者之撰。」「何傷乎？」孔子說：「亦各言其志也！」於是曾皙說道：「暮春者，春服既成，冠者五、六人，童子六、七人，浴乎沂，風乎舞雩，詠而歸。」夫子喟然歎曰：「吾與點也！」（顏淵）志向高聳入雲的孔子，一如那些熱衷於攫取「不可能」的絕頂天才，除了人類的更生，是不能眞正滿足的，則浴遊所帶來的自我節制與回復朗爽，的確極爲重要。

生命陸續敲擾着苦命的孔子。然而成功地從生命的束縛中，舒解自已到可以隨遇而安的程度。對一個了知生命不過是風中片羽的人來說，人生的浮沈已奈何不了他了。這就是何以他屢遇憂危猶能不失幽默的緣故。他甚至可以以苦態的滿足來享受憂危呢。下列之插曲足喻余意：

孔子適鄭，與弟子相失。孔子獨立郭東門。鄭人或謂子貢曰：「東門有人，其顙似堯，其項類臯陶，其肩類子產，然自腰以下，不及禹三寸，纍纍若喪家之狗。」子貢以實告孔子，孔子欣然笑曰：「形狀末也，而似喪家之狗，然哉，然哉！」（史記孔子世家）

他就是這麼一個見識過生命中偌多悲愁而變得堪自嘲謔的人。同樣的例子在論語中也可找到：達巷黨人嘲孔子曰：「大哉孔子，博學而無所成名！」在此人眼中，孔子是個了無實用的傢伙——行行通而無一專。孔子聞之，謂弟子曰：「吾何執？執御乎？執射乎？吾執御矣！」（子罕）

而實際上他就像歷史上那些非凡的人物，是無法在俗情的範圍與標準之中加以別類的；也因此，頗顯得一團神祕。但是他對自已可不迷惑，而且對一般人的謬見了解得很清楚。他滑稽地提議以駕車爲生活職業，而沒有那些缺乏自信心的人通常會有的觎態酸調。則幽默與開朗絕非輭弱之徵而乃堅強之象了。

另有一次，子貢，這個機靈的政客，想暗示孔子應該儘快出仕，遂拿個待決的問題問孔子：「有美玉於斯，韞匵而藏諸？求善賈而沽諸？」孔子立卽察覺了他的目的，答道：「沽之哉！沽之哉！我待賈者也。」（子罕）像這樣，他居然也會用生意人的口氣，與那以買賣東西而從中獲利爲生活之主與趣的人交談。

孔子的確有柔細與敏銳的幽默感，像活泉般湧溢着、像光芒般閃爍着。他有時甚至樂於文字遊戲「觚不觚，觚哉？觚哉？」（雍也）「不曰『如之何、如之何？』者，吾未如之何也已矣！」（衞靈公）「吾未見好德如好色者也」（衞靈公），許多簡約如此的話語，都文止而意傳地點綴在論語的卷頁之上。閱讀原文當能全然領味，譯文則難免喪失很多韻味與精髓。

孔子的隨機應變不輸於饒多風趣，譬如，當被追問一些後來覺得不該說出的話題時，他會說那不是講正經的，如此反而顯得問者自已正缺少幽默感呢。至少，我對下述事件的看法是如此：

> 子之武城，聞絃歌之聲。夫子莞爾而笑曰：「割鷄焉用牛刀？」子游對曰：「昔者偃也聞諸夫子曰『君子學道則愛人；小人學道則易使也。』」子曰：「二三子！偃之言是也，前言戲之耳。」（陽貨）

顯然，孔子曾教子游及其他弟子，應以崇隆的手筆處理卽使極其細屑的事情，這一崇高的心境與赫伯特的短詩所表現的，頗相一致：

理屋崇謹，如奉祢旨；
必淨其室，兼潔行止。

在孔子心目中，禮與樂構成了統治藝術的大手筆，當他聽到武城的樂聲，刹時感覺到聲音之外總有某些不比尋常的意義在，而該地在魯之治下只是邑而非邦，所以極自然地，他會喊出：「割鷄焉用牛刀？」而當被提醒自己一向何所持敎之後，又警悟到其間之牴牾，乃轉稱原本之感觸爲「只是玩笑」，而保住面子。

他的幽默並非永遠是溫煦的一種，有時它一轉而爲諷刺：

子貢方人，子曰：「賜也，賢乎哉？夫我則不暇。」（憲問）

從諷刺到動怒明責，其間之差不過一小步。但假如他永遠溫文和氣，則絕無法偉大如是；假如他的天性中不會含有某些粗獷與倔峻，則他的生命只將有一個單純的音調，而無法產生那麼曼妙的交響曲效果。事實上，在確有必要時，他甚至會粗疏失禮，譬如有次，樊遲請學稼，孔子率直地回說：「吾不如老農！」其人復請學爲圃，孔子又回道：「吾不如老圃！」（子路）另有一次，一位大官，季康，擔憂所領之邦中盜賊滋多，問何以彌之，孔子粗略地答說：「苟子之不欲，雖賞之不竊！」（顏淵）

他如烈陽般爆出憤氣的例子也不難找；有個家族，財物滋富得超出其所應得多多了，卻有位弟子仍在爲它聚斂賦稅，於是孔子說道：「非吾徒也！小子鳴鼓而攻之可也！」（先進）另有一次，他直步跨過一個頹唐放浪的老者，並放聲斥責，狠狠地說：「老而不死是爲賊！」且眞正以杖叩打其脛（憲問），就是耶穌把商賈趕出神殿並翻掉他們的賬桌，也不比孔子粗鹵到那裏去。兩人的個性，同樣可稱得上是獅羊同居於一胸，而這才眞是美的所在呢。

再沒有比引用孔子自已評價道德力量的性質一段話，來做本研究中此一節之結論更洽當的了：

子路問強，子曰：「南方之強歟？北方之強歟？抑而強歟？寬柔以敎，不報無道，南方之強也，君子居之；衽金革，死而無厭，北方之強也，而強者居之。故君子和而不流，強哉矯！中立而不倚，強哉矯！國有道，不變塞焉，強哉矯！國無道，至死不變，強哉矯！」（中庸十章）孔子卽是妙融南方之柔和與北方之粗獷於一身的人。

五、深沉的內心掙扎

偉大的代價恒是孤獨。因爲不凡的人，他的理想，他的難題，他反應環境的方式，都那麼不同於凡人，也因而無可避免的會被世俗感到奇異與古怪。換句話說，他的個性竟複雜得難以被大眾了解：它迷惑了他們。

老子，或道德經的作者，以生動的字語道出了哲人無奈的境遇：「天下皆謂我道大，似不肖。夫唯大，故似不肖；若肖，久矣其細也夫！」（道德經六七章）

孔子的日子過得並不比道德經的作者好，他連自己的弟子都不甚了解他；他們都有種模糊的感覺：老師的確是位偉人，但何以偉大卻超出他們的理解範圍。他最喜愛的弟子，顏回，就曾喟然歎道：「仰之彌高，鑽之彌堅，瞻之在前，忽焉在後。夫子循循然善誘人，博我以文，約我以禮，欲罷不能。既竭吾才，如有所立，卓爾，雖欲從之，末由也已。」（子罕）

也許，這是教師所能期望於學生說出的最高恭維。然而它只是對其教學績效的一份褒揚狀，並不能對那連顏回也感迷惑的個性本質，提出多少說明。

有次孔子曾對弟子們說：「二三子以我為隱乎？吾無隱乎爾！吾無行而不與二三子者，是丘也！」（述而）這話強烈地顯示他是多麼讓他們捉摸不着呀！

「天！」有次他歎道：「莫我知也夫！」子貢問：「何為其莫知子也？」他答說：「不怨天，不尤人，下學而上達，知我者其天乎？」（憲問）

他又曾對子貢說：「賜也，汝以予為多學而識之者歟？」子貢對曰：「然。非歟？」他斷言道：「非也，予一以貫之。」（衛靈）

這位偉人的難以了解處，說得也夠多了。而難以了解的主要原因，可在他一直力求調和其心內翻騰不停的敵對勢力上找到。這些敵對波濤，異常強而且格外多地交湧在平靜的表面下。誠如剛才所提到的，他一下子幽默，一下子發脾氣；忽而溫柔忽而嚴肅；注重嚴格戒律而又不反對娛樂；文雅而又率直；鬧意緒而又自行平鎮；極端的多方面性發展而又終身尋求統貫之道。然而我覺得他的自我衝突中最強的一環，應在執意服務社會與意欲逃離塵世之間的爭鬥；他爲社會的福祉所付出的熱忱與關懷是強烈的與偉大的，而逃此濁世的慾念也同樣壯大而頑強。

他說：「賢者辟也；其次辟地；其次辟色；其次辟言。」（憲問）

另一次，他以毫不含糊的語句勸誡其弟子：「篤信好學，守死善道，危邦不入，亂邦不居，天下有道則見，無道則隱。邦有道，貧且賤焉，恥也；邦無道，富且貴焉，恥也。」（泰伯）

這些想法頻頻掠過實際上已嫌厭並看破了這個世界的孔子之心田。

然而有趣的是：當一些眞正的隱者忠告他勿再繼續追求政治探險於此世之時，他的回答卻是：舉世滔滔的道德淪落正渴喚着新生，高坐雲端而嘲弄人世的愚行，是安逸得多了。但他拒絕採取那種委順之道，這種簡單的解決方式並不能令他滿足。他同情那些隱者，讚歎他們的廉潔，可是又說：「末之難也。」（憲問）他所持的解決方式是入世而不之溺——一種內心久經嚴重衝突之喧擾後所凝聚的和諧。下述之事蹟最具此一特色：

佛肸召，子欲往，子路曰：「昔者，由也聞諸夫子曰『親於其身爲不善者，君子不入也』佛肸以中牟畔，子之往也，如之何？」子曰：「然，有是言也。不曰堅乎？磨而不磷；不曰白乎？涅而不緇，吾豈匏瓜也哉？焉能繫而不食？」（陽貨）

的確，一個性格純正，敎養深沈的人，就像太陽照在汚池之上而不被汚染一樣。然而歷史上能達到並保持這一理想環境的人眞是何其少呀！而孔子卽是衆所公認的這些少數者之一。他的榜樣固難追倣，然而眞誠如哥德所詠頌的：

拈之卽得，
非我所企，
儀範一生，
斯貽狂喜！

孟子的人性論與自然法

吳經熊英文原著
洪玉欽中文翻譯

孟子一書的英譯者James Legge，曾對孟子下個有趣的評論：「孟子一生的前二十三年與柏拉圖（Plato）的後二十三年同時。亞里斯多德（Aristotle）、齊諾（Zeno）、伊璧鳩魯斯（Epicurus）、底莫西士（Demosthenes）及其他西方偉大人物，也都是與他生於同一時代。我們若將孟子置於此些偉人之林，他並不需畏首畏尾，躲躲藏藏。」❶

一、人性本具善端

孟子一書明義開宗乃在記述孟子與梁惠王首度會見的一段談話：❷

❶ James Legges *The Life and Works of Mencius* (London, 1875), p. 16.

❷ 梁惠王（上）

孟子見梁惠王。王曰：「叟！不遠千里而來，亦將有利吾國乎？」孟子對曰：「王何必曰利？亦有仁義而已矣。王曰：何以利吾國？大夫曰：何以利吾家。士庶人曰：何以利吾身？上下交征利，而國危矣。……苟後義而先利，不奪不饜。未有仁而遺其親者也；未有義而後其君者也。王亦曰仁義而已矣，何必曰利。」

雖然孟子時常論及仁和義，但他不僅是一位社會理想主義者。由於他在哲學上的實在論（Philosophical realism），所以能夠寶貴這些美德。在中國思想史上，他所以配享永恒盛名，在於對人性和自然法的透闢見解。他的根本出發點就是：人性卽爲上天所賦與的稟賦，因此它的本質是善的。孟子的整個思路是與中庸的開宗明義相一致的。中庸的作者，若非子思，便是他的學生，他們都是孟子的老師。中庸開宗明義便曰：「天命之謂性，率性之謂道，修道之謂敎。」孟子將此一存有論上的洞識，安放於目的論的結構中，他說：「盡其心者，知其性也，知其性，則知天矣。存其心，養其性，所以事天也。」❸

因此，天命、人性和敎化三者，形成一個一貫性的連續體。自然法乃人類理性所體識的原則，因其適用於永遠變遷的環境中，不斷擴張的人事關係，而獲得更進一步地發展。

孟子對人性的看法如何呢？他雖然以人性本具善端的根本洞識爲出發點。可是像這樣的一個

❸ 盡心（上）

命題，面對人世上那麼多的邪惡，能站得住嗎？一些事先的說明是必要的。

孟子所指之人性的意義，就是與鳥獸有別的做人基本特性，他並未否認人類與其他動物所同具的要素或自然的傾向。例如他說，食和色乃人類二大慾，但是食與色屬於較低級的情慾，並非構成人之所以為人的特質。德性和智性才構成人類的眞正本性，失去了這些本性，便與虎狼無異。

孟子曰：「體有貴賤，有大小；無以小害大，無以賤害貴；養其小者爲小人，養其大者爲大人。」❹爲了證明這句話，孟子又說：「飲食之人，則人賤之矣，爲其養小以失大也。」❺換言之，我們並非爲食而生，而是爲生而食，對孟子而言，「生」就是活得像人一樣。

孟子又指出人性向善的基本目標，來解釋人性本具善端的理論，即使它的實踐或破壞有賴外界因素的決定。在孟子一書中的這一章節，誠值得全部援引：❻

公都子曰：「告子曰：『性無善無不善也。』或曰：『性可以爲善，可以爲不善。是故，文、武興，則民好善；幽厲興，則民好暴。』或曰：『有性善，有性不善。是故，以堯爲君，而有象；以瞽瞍爲父，而有舜；以紂爲兄之子，且以爲君，而有微子啓，王

❹ 告子（上）
❺ 告子（上）
❻ 告子（上）

子比干。』今日『性善』，然則彼皆非與？」

孟子曰：「乃若其情，則可以爲善矣，乃所謂善也。若夫爲不善，非才之罪也。」

孟子提出常性的理念（idea of normality），更進一步地闡明他的理論。他認爲「常性」是淵源於天賦的規範或雛型，銘刻於各類生物上。他從詩經引出一節有意義的詩句如下：「天生蒸民，有物有則；民之秉彝，好是懿德。」❼

孔子讚賞這一節詩句曰：「爲此詩者，其知道乎！」對此，孟子曾加一妥切的註解，他說：「故有物必有則，民之秉彝也，故好是懿德。」❽

人與人間，非必要部分可有不同，必要部分則不能有本質上的差異。可以有程度上的差別，絕無種類上的不同。否則二者卽不能稱得上同類。

孟子更進一步地發揮「常性的理念」他認爲人與人間多數的不同是受制於環境，而且甚至於背離常性的程度也受自然環境的影響。由孟子一書下列一章，我們將會對類推的歸納法感到特別有趣，顯然孟子是一位運用這種方法的大師：❾

❼ 告子（上）引詩經大雅烝民

❽ 告子（上）

❾ 告子（上）

孟子曰：「富歲子弟多賴，凶歲子弟多暴。非天之降才爾殊也，其所以陷溺其心者然也。」

今天麰麥，播種而耰之，其地同，樹之時又同；浡然而生，至於日至之時，皆熟矣；雖有不同，則地有肥磽，雨露之養，人事之不齊也。

故凡同類者，舉相似也；何獨至於人而疑之？聖人與我同類者。

故龍子曰：「不知足而爲屨，我知其不爲蕢也！」屨之相似，天下之足同也。

口之於味，有同耆也，易牙先得我口之所耆者也；如使口之於味也，其性與人殊，若犬馬之於我不同類也。則天下何耆皆從易牙之於味也？……。

惟耳亦然，至於聲，天下期於師曠，是天下之耳相似也。

惟目亦然，至於子都，天下莫不知其姣也，不知子都之姣者，無目者也。

故曰：「口之於味也，有同耆焉；耳之於聲也，有同聽焉；目之於色也，有同美焉。至於心，獨無所同然乎？心之所同然者，何也？謂理也，義也。聖人先得我心之所同然耳。故理義之悅我心，猶芻豢之悅我口。」

二、人性的四端

孟子指出某些與生俱來的傾向，更進一步地發揮人性論。

在這裏，讓我再度援引孟子和哲學家告子間的一段對話：⑩

告子曰：「性，猶湍水也。決諸東流則東流，決諸西流，則西流。人性之無分於善不善也，猶水之無分於東西也。」

孟子：「水信無分於東西，無分於上下乎？人性之善也，猶水之就下也；人無有不善，水無有不下。今夫水，搏而躍之，可使過顙；激而行之，可使在山，是豈水之性哉，其勢則然也。人之可使爲不善，其性亦猶是也。」

關於人性，孟子與告子尙有一段精彩的對話：⑪

告子曰：「性，猶杞柳也；義，猶桮棬也；以人性爲仁義，猶以杞柳爲桮棬。」

孟子曰：「子能順杞柳之性，而以爲桮棬乎？將戕賊杞柳，而後以爲桮棬也？如將戕賊

⑩ 告子（上）

⑪ 告子（上）

杞柳而以爲桮棬，則亦將戕賊人以爲仁義與？率天下之人而禍仁義者，必子之言夫。」

孟子雖然並不堅持人類天生便是完滿的，但卻甚堅持，人類道德人格的完全發展乃植根於人性。他認爲，人格的完全長成，在於四種主要美德——仁義禮智——的充量發展。然而這四種美德，在人性中有它們的種子或發端。關於仁，他說：「人皆有不忍人之心。先王有不忍人之心，斯有不忍人之政矣。以不忍人之心，行不忍人之政，治天下可運之掌上。」⑫緊接着他舉出一個極爲有趣的例子，以證明人皆有不忍人之心。他說：「今人乍見孺子，將入於井，皆有怵惕惻隱之心。」⑬他們將本能地伸手援救小孩，使免墮井之禍。他們這樣做，並「非所以內交於孺子之父母也，非所以要譽於鄉黨朋友也。非惡其聲而然也。由是觀之，無惻隱之心，非人也。」⑭在這方面，我在一本現代的著作中，無意間發現一個極相近似的觀點。「一個單純的場合，常包含辨識的直覺和道德的直覺（perceptual and moral intuition）例如，如果有一盲人，即將步入前有汽車駛來的小路上行走，每個正常人，見到這種情形，一定會向他伸出援手。」⑮孟子與吾人雖相距二千四百餘年，但人類在本質上卻保有相同的人性。

⑫ 公孫丑（上）

⑬ 公孫丑（上）

⑭ 公孫丑（上）

⑮ Hall, *Living Law of Democratic Society*, p. 75, (Bobbs Merril. 1949)

孟子繼續說：「惻隱之心，仁之端也；羞惡之心，義之端也；辭讓之心，禮之端也；是非之心，智之端也。人之有是四端也，猶其有四體也；有是四端而自謂不能者，自賊者也；謂其君不能者，賊其君者也。凡有四端於我者，知皆擴而充之矣，若火之始然，泉之始達。苟能充之，足以保四海；苟不充之。不足以事父母。」[16]

此一人性的四端，能無限的發展。因此，孟子並不認爲，人性排斥教化。相反地，如果人性未加培養，它將陷於墮滅，這就說明「惡」的存在。孟子強調培養人性的重要，可從他的下列一段話中看出：[17]

> 牛山之木嘗美矣；以其郊於大國也，斧斤伐之，可以爲美乎？是其日夜之所息，雨露之所潤，非無萌蘖之生焉；牛羊又從而牧之，是以若彼濯濯也；人見其濯濯也，以爲未嘗有材焉，此豈山之性也哉？雖存乎人者，豈無仁義之心哉！其所以放其心者，亦猶斧斤之於木也。旦旦而伐之，可以爲美乎？其日夜之所息，平旦之氣，其好惡與人相近也者幾希；則其旦晝之所爲，有梏亡之矣。梏之反覆，則其夜氣不足以存；夜氣不足以存，則其違禽獸不遠矣。人見其禽獸也，而以爲未嘗有才焉者，豈是人之情也哉？

⑯ 公孫丑（上）

⑰ 告子（上）

三、自我本性的實現

因爲孟子用理性和德性來觀察人性的本質，所以他不是一位唯理主義者。一方面，他把人性論奠基於存有論上。二方面，他崇尙實際，了解人性四端的發展與充實，逐漸培養之必要。不論在我們的內性生活上培養自然法，或在政治社會上將自然法適用於人事關係上，我們都應以忍耐和警愼的心情實踐它。人性的四端如同植物的種子，必需假以時日，才能發芽、生長和成熟。關於此，孟子以一通俗的比喻，來強調人性四端充量發展的重要。他說：「五穀者，種之美者也；苟爲不熟，不如荑稗。夫仁，亦在乎熟之而已矣。」⑱

人類的職責，就是充量地實現本性；此一職責，直至理性和德性的涵養，其影響力足以充塞和統轄全身才算大功告成。正如孟子所說：「君子所性，雖大行不加焉，雖窮居不損焉，分定故也。君子所性，仁義禮智根於心；其生色也，睟然見於面，盎於背，施於四禮，四體不言而喻。」⑲

在人類本性的自我實現上有趣的一面便是：人類的本性爲「氣」⑳所逐漸擴充與融合。孟子

⑱ 告子（上）

⑲ 盡心（上）

⑳ 公孫丑（上）

所稱的「氣」與柏拉圖所說的意性（passionate or spirited principle）㉑是相一致的。孟子與柏拉圖均認爲，若要節制人類難馴的慾性，意性或氣必需與理性相結合。沒有獲得「氣」的協助，人類的本性就像一位毫無權力的君王。

孟子曰：「夫志，氣之帥也；氣，體之充也；夫志至焉；氣次焉。」㉒因此，他的忠告是：「持其志，勿暴其氣。」㉓他更進而解釋說，蓋「志壹則動氣；氣壹則動志也。」㉔使氣配義，持氣以資志是件要事。孟子明確地指出，當氣爲義所滋養時，氣便被提昇至一個較高面，而且將作無限量地成長，永不衰敗。根據此一說明，我們始能清楚地瞭解孟子下列的一段話㉕：

我知言，我善養吾浩然之氣。……難言也。其爲氣也，至大至剛，以直養而無害，則塞於天地之間。其爲氣也，配義與道；無是，餒也。是集義所生者，非義襲而取之也；行有不慊於心，則餒矣。

㉑ 柏拉圖認爲，人性可分爲三部分：理性、意性與慾性。理性與慾性衝突時，「意性應與理性立於同一邊。」此在其所著「共和國」(Republic) 一書的第四篇，有完整的敍述。柏拉圖和孟子看法的近似，是值得注意的。孟子亦認爲，人性分爲三部分：(1)義理(2)氣(3)欲。在修身方面，一切端賴氣與義理的結合。氣與義理的結合是透過「志」，志是植根於理性的。同時，志與氣的關係是比理性較爲直接密切。

㉒ 公孫丑（上）

㉓ 公孫丑（上）

㉔ 公孫丑（上）

養氣是終生的工作。雖心中必須時常警愼戒懼，但不必杞人憂天，以致變成一位矯枉過正者。孟子舉出一個很好的比喻，來警告欠缺耐性的人。他說：「無若宋人然：宋人有閔其苗之不長而揠之者，芒芒然歸，謂其人曰：『今日病矣！予助苗長矣！』其子趨而往視之，苗則槁矣！」㉖孟子接着評論說：「天下之不助苗長者寡矣。」㉗事實上，孟子在耕耘心田方面，發現二種土包子。他說：「以爲無益而舍之者，不耘苗者也。助之長者，揠苗者也；非徒無益，而又害之。」㉘

四、一些實際的應用

到此爲止，我已經討論過孟子一書中，有關修身的主要部分。要而言之，孟子教導我們：人類的最高尙工作便是做一個人。我們對「天」應先盡本性，而且我們立身行事，應對「天」負責。「天」賦與一切人類相同的本性，它是善的。人類的本性在動態方面，可由人性的具有四種善端而表露出來。這四種善端成於天命，所以是人性所自發的。旣屬自發，卽非有意識的內省所

㉕公孫丑（上）
㉖公孫丑（上）
㉗公孫丑（上）
㉖公孫丑（上）

得之結論。然而當它們逐漸成長，就好像移植在心上的有意識的目標。我想，這就是孟子所說：「仁義禮智根於心」㉘的意思。孟子以爲我們仍舊能夠從本性的隱藏到理性的顯現，重新恢復失去的向善的初始傾向，特別是在黎明時分，良心比白天更爲清明，因爲在白天，人們受許多事物的攪擾。

經常提及原始的發展目標（original rientation）是必要的，這並不是因爲我們不需完全的發展，而是由於我們想確信，我們是在正確的方向中成長，而此一方向是受我們原始的發展目標所決定的。

什麼是完全地成長？它的意思就是本性的逐漸充實。獨有本質並不構成存在上完整的人。因此，認識我們的本質，其意僅能說是用本性去充實存在上的實有。從本質上的善至存在上的善，是一長遠的天路歷程，對孟子而言，一切哲學和學問的主要工作，便是尋求在自覺的長遠過程中，立身處事的適當方法。當然，忠於本性，我們必須爲善避惡。對孟子而言，爲善的意思，便是實行仁義禮智諸德，避惡的意思便是不做違背這些德性的事。這便是自然法，我們似乎從它的大綱中清楚地看出。但當我們面對生活上的具體情況時，便會產生難題，而在何種特殊情況下，才是實行仁義禮智，亦不易有一正確的答案。往往似乎是合於仁的，可能是不合於義的；似乎是合於智的，可能是不合乎禮。決定一個具體問題的正確解決方案，並非直接發自內心，而是像孟

㉘ 盡心（上）

子一書中所廣泛敍述，需要多加思考和正反辯難。事實上，在孟子與君王、朋友和門人討論問題時，孟子即運用一切先天與後天所獲得的智慧和知識，同時他常以廣博的學術和經驗，作爲推論基礎的歸納法。

孟子是一位天才。對於他，我唯一隱諱的是，有時他似乎對於他的看法過分自信。他不像孔子，絕不承認本身的錯失。一位常站在對的一邊絕不認錯的人，他的立身行事，必然會出現某些錯誤。㉚

然而孟子最吸引人的地方，便是不管其言論是對的或錯的，絕不放棄說明何以深信其所採取的途徑。更重要的是，在大多數場合，你會覺得孟子所採取的立場有一必然性，或者至少在他的立場中，具有眞理的堅實核心。

他所以能用自由和坦誠，提出人類高貴的觀點，主要是因爲他深信眞正尊貴的天性。對他來說，有二種不同的尊貴，卽人爲的尊貴和天然的尊貴。人爲的尊貴，公卿大夫、政府名流屬之，它是短暫的，亦非固有的；而天然的尊貴，在乎能行仁義忠信，樂善不倦，因此它是一切人之所以爲人者均可分享的，所以它是永恒的和固有的。㉛此外，授與公卿大夫和政府顯要名位的本身

㉚ 例如，孟子對於墨子的批評是很膚淺的。他是受情緒的影響。墨子的「兼愛」並非「等愛」，而是「博愛」，承認有差等的愛。但孟子並未予墨子公正的申訴機會。

㉛ 告子（上）

並非目的，而是為達臻人類幸福所採用的方法。他説：㉜

民為貴，社稷次之，君為輕。是故，得乎丘民而為天子，得乎天子為諸侯，得乎諸侯為大夫。諸侯危社稷，則變置。犧牲既成，粢盛既潔，祭祀以時；然而旱乾水溢，則變置社稷。

因此，在人類這一面，人民是最後的主權者，統治權源出於此，同時人民的幸福是施政時首應考慮的。

在孟子與齊宣王一段有名的對話中，孟子以信託關係來闡釋政府的理論，他認為受託人不盡職責，信託人可將其廢除。他說：㉝

王之臣，有託其妻子於其友，而之楚遊者；比其反也，則凍餒其妻子。則如之何？」王曰：「棄之。」曰：「士師不能治士，則如之何？」王曰：「已之。」曰：「四境之內不治，則如之何？」王顧左右而言他。

又有一次，齊宣王問孟子說：「湯放桀，武王伐紂，有諸？」孟子對曰：「於傳有之。」曰：「臣弒其君，可乎？」曰：「賊仁者，謂之賊；賊義者，謂之殘。殘賊之人，謂之『一夫』。

㉜ 盡心（下）

㉝ 梁惠王（下）

聞誅一夫紂矣，未聞弑君也。」㉞

梁惠王與孟子的對話，並未比齊宣王與孟子的對話痛快。孟子在譴責梁惠王欠缺民生的長遠計劃時，問梁惠王曰：「殺人以梃與刃，有以異乎？」曰：「無以異也。」「以刃與政，有以異乎？」曰：「無以異也。」曰：「庖有肥肉，廐有肥馬，民有飢色，野有餓莩，此率獸而食人也。獸相食，且人惡之；爲民父母行政，不免於率獸而食人，惡在其爲民父母也？仲尼曰：『始作俑者，其無後乎！』爲其象人而用之也。如之何其使斯民飢而死也？」㉟

孟子並不期望君王養民；而是期望君王不要徵召人民擴大戰爭，干擾農事，同時期望制定一些有益的法律——我們稱其爲社會立法——以便保護國家的天然資源。從孟子所主張政府應做的最起碼工作之一些實際措施，可以證明他並非空想家。他說：「不違農時，穀不可勝食也；數罟不入洿池，魚鼈不可勝食也；斧斤以時入山林，材木不可勝用也。穀與魚鼈不可勝食，材木不可勝用，是使民養生喪死無憾也。養生喪死無憾，王道之始也。」㊱

惟獨生活的最低程度有所保障，政府始能進一步實施教育計劃，以修飾儀態禮節，教導道德責任。政府的功能之一，便是完成和保障各個人均有時間和自由，以爲修身和實現完滿人性的條

㉞ 梁惠王（下）

㉟ 梁惠王（上）

㊱ 梁惠王（上）

件。「天下之本在國，國之本在家，家之本在身。」㊲

孟子的哲學可稱爲「存有論上的人本主義。」一切的法律和政策均爲了最充分的理解上帝所賦予的人性。對孟子而言，忠于此一天賦的本性和充分地理解它，卽係侍奉上帝的唯一方法，而亦爲獲得幸福的唯一方法。他曾引用詩經上的二行詩句，而這二行詩句正可概括他的哲學：㊳

永言配命，
自求多福。

在這裡，必須指出二點，以澄清孟子所了解的「天命」的意義。首先，孟子所指的「天」，恰好是「上帝」的別稱。這可從下列的言論中加以證明：「天將降大任於是人也，必先苦其心志，勞其筋骨，餓其體膚，空乏其身，行拂亂其所爲；所以動心忍性，增益其所不能。」㊴因此，天具有無上的智慧和長遠的目的，換言之，理智和意志是構成人格的二種成分。

其次，「命」一辭有各種不同的意義，此乃由孟子和其他同一學派的孔子主義者對它的認識而得知的。第一種意義是：一種關於個人或羣體的特別任命或選派。此一意義可從上述孟子的言

㊲ 離婁（上）
㊳ 離婁（上）第四章引詩經大雅文王
㊴ 告子（下）

論得到證明。第二種意義是指一般天意所定之事（命定的），如當我們說，天化育一切，甚至包括整個的宇宙在內。就人類而言，天賜給人類生命，使人類靈肉一體，具備肉體上和精神上的能力。第三種意義是一種特別的「稟賦」、「性質」或「規範」，銘刻於各種生物上，構成它們的本性。我們所提及與人性有關的「天命」，只有第三種的意義是最適合的。此可由下列命題加以證明：「天命之謂性。」

換言之，它並非上帝創造的意志（creative or providential will），而是祂的規範意志（prescriptive and normative will），銘刻於人類，構成人之所以為人的本性：自然法的原則便是淵源於此一本性。

下列的章節，在孟子的人性和天命論中是屬於頭等重要的，然而為了捕捉此一章節的眞正意義，我們必須指出，「性」和「命」這二個名詞的用法，具有不同的意義：㊵

> 孟子曰：「口之於味也，目之於色也，耳之於聲也，鼻之於臭也，四肢之於安佚也：性也，有命焉，君子不謂性也。仁之於父子也，義之於君臣也，禮之於賓主也，智之於賢者也，聖人之於天道也：命也，有性焉，君子不謂命也。」

在此應指出者，本章節的第一部分中，「性」的意義是指存在上的人性，（existential

㊵ 盡心（下）

nature of man），而不是本質上的人性（essential nature of man）；而「命」的意義是指上帝所定之事。在第二部分中，「性」是指本質上的人性，而「命」是指上帝的規範意志，銘刻於人類內心深處的法律。僅有後者構成人性，因爲那是上帝賦予人之所以爲人的東西。然而孟子發現「命」字有其他意義，所以寧願稱「命」爲「性」。此非意味孟子離開上帝而言性，只是就人而論，發揮他的天賦稟性，就是服從上帝意志的最適切途徑。更特別地是上帝植根於人性的四端，必須加以培養和充量發揚。如果我們專心致力於這項工作，我們一定會成功，因爲上帝絕不讓我們身負重擔，而不賦予我們完成它的力量。因此，道德常是可以追求得到的東西，而身外之物，如財富和名譽，則不歸我們掌握。全部章節可摘要如下：追求天爵，定可獲天爵。不要追求人爵，一方面因爲不能以追求的方式獲得，二方面因爲它不是一種內在的價值，即令我們應該獲得它。三方面，事實上人生的變化，甚至於像財富和名譽的身外之物，無一不是在上帝掌握中，但是它們並非我們所要專心追求的東西。孟子用一具有深長意義的句子，總括的說：「莫非命也，順受其正。」㊶

五、孟子論法律與道德

孟子並非法學家。他原是一位道德哲學家。可是他了解法律在一國政制中的重要。他說：「

㊶ 盡心（上）

上無道揆也，下無法守也；朝不信道，工不信度；君子犯義，小人犯刑，國之所存者，幸也。」㊷在另外一個場合，孟子說：「上無禮，下無學；賊民興，喪無日矣。」㊸孟子所主張的是：道德與法律的結合。他說：「徒善不足以爲政，徒法不能以自行。」㊺然而孟子就像大多數的孔子主義者，有一種把古代的統治者理想化的趨向，因此他喜歡舊章甚於新律。他引用詩經大雅假樂篇的詩句：「不愆不忘，率由舊章。」並批評說：「遵先王之法而過者，未之有也。」㊻

孟子過分強調家庭的連帶和孝道，有時候產生連他自己也不易解決的難題。因爲有許多場合，家庭的私益和國家的公益可能發生衝突。一個這樣的難題，爲孟子的學生桃應所指出。桃應問孟子說：「舜爲天子，皐陶爲士；瞽瞍殺人，則如之何？」孟子曰：「執之而已矣！」「然則舜不禁與？」曰：「夫舜惡得而禁之？夫有所受之也！」「然則舜如之何？」孟子的回答是他所特有的，他說：「舜視棄天下猶棄敝蹝也。竊負而逃，遵海濱而處，終身訢然樂而忘天下。」㊼

我深信孟子本人是會這樣做的，可是我就不能相信是否君王不經辭職卽可放棄公職。總之，君王並非私有財產，可以像破爛一樣任人拋棄。

㊷ 離婁（上）
㊸ 離婁（上）
㊺ 離婁（上）
㊻ 離婁（上）
㊼ 盡心（上）

過份強調家庭關係的孔子主義，對於公共安寧和秩序，導致不少困擾。例如，一個兒子報殺父之仇，被認為是神聖的義務。遠在被法律禁止報私仇之後，人們仍然認為這樣做是對的。法律與道德觀念的衝突，在整個中國史上，是一個極嚴重的問題，一直到約百年前，人們才逐漸了解報私仇是一種錯誤的行為，甚至於從道德的觀點來看。

雖然孟子並未鼓勵報私仇，但他似乎認許它的存在。例如他說，如果你殺別人父親，別人亦會殺你的父親。

孟子堅持父母死，守喪三年的傳統習俗。這也可證明孟子把自然法的一個權宜措施，當為它的一條根本原則是錯誤的。過於強調自然法，往往導致反乎自然的結果。例如，在中國許多朝代的法典中，有一則規定，卽父母死後要是在三年之內夫妻生小孩的話是犯罪的。直至十四世紀，一位君主發現這一規定反乎人性，才把它廢止。

總而言之，孟子的自然法哲學與西洋最優等的自然法傳統——以柏拉圖、亞里斯多德、斯多亞學派（Stoics）、聖・多瑪斯（St. Thomas Aquinas）、虎克（Richard Hooker）、格羅秀士（Hugo Grotius）和柏克（Edmund Burke）為代表——大致相似。在哈佛大學敎授懷爾德（Wild）所撰「柏拉圖的現代敵人和自然法論」（Plato's Modern Enemies and The Theory of Natural Law）一書中，曾提出下列的一個問題：「什麼是自然法理的精確意義？在西洋思想史上，誰是它的眞正代表性人物？」㊽在一番詳細的考察後，他舉出它的眞正代表人物所主張的共通具有的五項根本要點，雖然他們在比較不重要的立論上有所不同。我現在要用自己的觀點，指出眞正的自然法哲學之五項標準：

(1)規範不是人造的，它們是淵源於宇宙的客觀秩序，而這一宇宙的客觀秩序必須以上帝爲最高的制定者爲先決條件。

(2)各個「實有」(being) 均被賦有本性，此一基本的構造是其他同類所共同具有的。與倫理學和法學有關的「實有」是人。自然法是以人性和受此一人性所決定的根本傾向爲基礎的。

(3)那些根本的傾向是擴張的、活潑生動的，同時需求更進一步地發展和充實。在孟子的哲學中，我們所看到的四種善端，如果未受阻擾，將依照它們的內在目標，發展爲成熟的美德。

(4)有鑒於令人困惑的力量，所以這些傾向需要理性指引它們朝向本然的目標發展。此一任務的達成，孟子認爲應以心爲指針，同時需爭取「氣」性的協助。

(5)目的的獲得被認爲是一件應該完成的事，亦即人性的最高實現，同時也是實現上帝意旨

㊽ 第一〇三頁

的方法。孟子說：「萬物皆備於我矣。反身而誠，樂莫大焉。」[49]

無論東西方，沒有比孟子的哲學，更能滿足上述諸標準的。

最後，讓我們比較孟子人性本具善端的觀點，是否與天主教墮落的本性觀相適合。關於此，我想援引教皇庇護十二（Pius XII）的一段話來加以說明：[50]

> 不論如何，教會一直肯定與人類有關和適合人性之事務的價值。她很明顯地去發揚和安置它們，毫不躊躇。教會並不承認，在上帝的眼光中，人僅是腐敗和罪惡。相反地，在她心目中，原罪（Original Sin）並不影響人類的良知良能，人類仍舊保存其智慧和自由的天生靈光。
>
> 稟賦此一本性的人，無疑是被原罪所影響，而使他失去了神妙和不可思議的稟性。人類必須盡力遵行自然法——而且更靠著仁慈基督的有力協助——人類才能夠活得上無負上帝的光榮，下無愧人性的尊嚴。

當然，孟子並無「原罪」的觀念。但我們從其只談人性本具善端，而不說人性本善，以及從

[49] 盡心（上）

[50] Address to Philosophers participating in the Intrenational Congress of Humanistic Studies, on September 25, 1949.

其一再強調人類應該致力於人性本然傾向的實現，我們便會驚奇孟子的見解與天主教哲學家的是多麼近似！另一方面，關於孟子主張人性本具善端之觀點所遭遇的難題，以及人性在傑出的中國哲學家中看法的不同，在在表明不仰賴上帝的啓示，對於此一難題不可能有一完滿的解答。正如詩篇第三六首「活泉」所示：「吾人沐浴靈光內，眼見光明心怡然。」[51]

[51] 原文參照吳經熊，聖詠譯義，第二一頁。

民生哲學闡述

吳經熊英文原著
洪玉欽中文譯述

第一節　民生的涵義

「民生」一詞，常被英譯爲 peoples livelihood(人民的生計)，可是　國父的意思卻不限於此。「民生」一詞的定義，在民生主義第一講劈頭便說：「民生是人民的生活，社會的生存，國民的生計，羣衆的生命便是。」❶這四句中惟獨第三句—生計—就相當於 livelihood 。顯然，「民生」是比生計的涵義更爲豐富的概念。因此我認爲把它譯爲 people's well-being （人民的幸福）便足以包涵這四句話的眞義。

在仔細地研究過有關的資料後，我所得到的結論是：民生不僅包涵人民物質的需要，如食衣

❶ 國父全書（國防研究院印行）二五六頁。

住行，更重要的是尙包涵人民社會的，智識和精神方面的幸福。

更確切地說，「民生」實包括人民精神和物質的生活。關於此，在國父手訂本三民主義有一段極清楚地記載：

「生活問題之中，物質自然佔了很大的部份。但是人類不單是靠物質來生活的。孔子說：『君子謀道不謀食，憂道不憂貧。』……由此便可見人類的生活，決不是專靠物質的。不過物質在人類生活上，佔了一個重要部分罷了。」[2]

國父接著更進一步說：

「物質不能做人類生活的止境，不能飽足人類的慾望。人類除了物質之外，更有無上的要求，這種要求就是高尙的道德。有了物質又有高尙道德，才能夠完全人類的生活；專有物質決不是人類最高尙的生活。所以支配歷史的東西不是物質，是人類的生存。」[3]

由此可見，蔣公的「民生主義育樂兩篇補述」是多麼的適當，多麼的重要了。其中一篇是論述「育」的問題，包括國民生育、社會福利和教育；另外一篇則論述「樂」的問題，包括國民

[2] 國父手訂本三民主義四二四至四二五頁。

[3] 同上四二五至四二六頁。

身心的康樂。由於有這育、樂二篇的補述，已可確信，民生實涵蓋著人生追求幸福的全盤。所以有人說「民生」是孫文學說的終極目標。民生哲學是三民主義的成就。關於此，需要作一些說明。

有人將三民主義英譯爲 Three People's Principles，亦可譯爲 The Philosophy of Triple Democracy（三重民主論）。民族主義是它的本源論；民權主義是它的方法論；而民生主義是它的目的論。

中國與他國的自由和平等，是增進人民幸福的前提條件。主權在民和萬能政府是保障和增進人民幸福的必要方法。可是單靠政治自由和平等尚不能使人民得到充分的幸福。人民的幸福是與他們在各方面所獲得的自由和平等成正比例的。特別是在社會和經濟方面。惟有在這一層次中，民主才能生根。

民生哲學的內涵是無限的。它從物質生活的需要發動，一步一步地延展，一層一層地提昇，直至涵蓋永久和平與大同世界的終極理想，那就是國父所謂「化現在之痛苦世界，而爲極樂之天堂。」

第二節　精神生活

蔣公曾明白地提示，「民生」是包括精神生活的。他說：

「人之所以異於禽獸者，在其有精神生活。精神得不到安定，人格便陷入破碎的境域。個人不能保持其人格的完整，社會也就不能保持其安定的秩序和良好的風氣。現代的心理學家，也嘗試以科學方法，來治療人類的精神病。如果是神經系統有了病，在醫學上並不是沒有治療的方法，但是要使一個人收拾其破碎的心理，養成其完整的人格，科學還是無能爲力的。惟有宗教信仰和人生哲學的基本思想，纔是人格內在的安定力。

共匪要瓦解我們的社會，滅亡我們的國家，首先就要摧殘宗教，箝制我們的信仰自由。一般教育家和科學家或許以爲宗教是反科學的迷信，對共匪迫害宗教的暴行，不加重視。殊不知一個人沒有信仰，就失去了人生的歸宿。一個社會沒有宗教，就失去了精神的安定力。我們要看清了共匪爲什麼要摧毀宗教，纔能達成他征服世界奴役人類的目的，我們就能夠了解宗教對於個人和社會的重要性了。」❹

第三節 精神與物質

爲瞭解「民生」的無限蘊義，必須懂得 國父的宇宙觀和其對於人的看法。 國父在「軍人

❹ 蔣公手著「民生主義育樂兩篇補述」，見 國父全書三〇九頁。

精神教育」中說：

「總括宇宙現象，要不外物質與精神二者。精神雖爲物質之對，然實相輔爲用，若從前科學未發達時代，往往以精神與物質絕對分離，而不知二者本合爲一。在中國學者亦恒言，有體有用。何謂體？即物質。何謂用？即精神。譬如人之一身，五官百骸皆爲體，屬於物質。其能言語動作者，即爲用，由人之精神爲之。二者相輔，不可分離。若猝然喪失精神，官骸雖具，不能言語，不能動作，用既失，而體亦即成爲死物矣。由是觀之，世界上僅有物質之體，而無精神之用者，必非人類，人類而失精神，則必非完全獨立之人。雖現今科學進步，機器發明，或亦有製造之人，比生成之人，毫髮無異者，然人之精神不能創造，終不得直謂之爲人。人者有精神之用，非專恃物質之體也。我既爲人，則當發揚我之精神，亦即所以發揚爲人之精神，故革命在乎精神。革命精神者，革命事業之所由產出也。」⑮

從這段演詞中，我們可以瞭解　國父的宇宙觀和其對人的看法了。要成爲一個人，除肉體之外，必須具有制馭肉體的心靈。　國父以肉體爲「體」，而以心靈爲「用」，這個用語似乎與一般哲學家所慣用的術語，有所出入，可能引起一個誤解，以爲　國父是重物質而輕精神的。但我

⑮ 國父全書九〇八頁。

們讀書，絕對不可以辭害意。國父的意思明明是以物質爲客體，而以精神爲運用物質的主體。物質不過是被用的東西，而精神才是運用物質的主宰。可見國父雖主張二者相輔並存，不可分離，而其重在精神，則不容否認的。

第四節 人性的本質

國父喜歡引述古人所說：「人爲萬物之靈」這句話。卽使人體是由物種進化而來，可是人性卻不可能從較低級的動物演化而成。這個人性包括理性、仁愛和眾德。而其中一樣最珍貴的，便是人性之中具有本然的向上衝動的神性根苗。所以互助的原則是與生俱來的。這就是爲什麼國父認爲它是統馭人類進化階段的法則。孫哲生先生亦曾說：「他（按此係指國父而言）之革命，是爲了救人和互助，而不在於仇恨與鬥爭。故不像馬克斯那樣，把自然界的哲學推演及於社會，違反人類的特性。」⑧然而依國父之意，互助的原則不單是道德律，而是一條自然法，它是從宇宙進化的過程中形成的。

⑧ 孫科，以三民主義對抗共產主義的世界觀，見孫科文集九四頁。

第五節　國父的進化論

雖然在這方面，國父受克魯泡特金（Kropotkin）互助論的顯明影響，可是我們仍應注意，國父的互助論比克魯泡特金的更爲豐富，更有深度，因爲它吸收了孔子和基督人道主義的眞理和無限的蘊義。在國父所著「孫文學說」第四章中，有一段國父整個互助哲學的縮影，誠値得全部加以引出。國父說：

「此期（按係指人類進化時期而言）之進化原則，則與物種之進化原則不同，物種以競爭爲原則，人類則以互助爲原則。社會國家者，互助之體也，道德仁義者，互助之用也。人類順此原則則昌，不順此原則則亡，此原則行之於人類當已數十萬年矣。然而人類今日猶未能盡守此原則者，則以人類本從物種而來，其入於第三期之進化，爲時尚淺，而一切物種遺傳之性，尙未能悉行化除也。然而人類自入文明之後，則天性所趨，已莫之爲而爲，莫之致而致，向於互助之原則，以求達人類進化之目的矣。人類進化之目的爲何？卽孔子所謂：『大道之行也，天下爲公。』耶穌所謂：『爾旨得成，在地若天。』此人類所希望，化現在之痛苦世界，而爲極樂之天堂者是也。近代文明進步，以日加速，最後之百年，已勝於以前之千年；而最近之十年，又勝已往之百年；如此遞推，太平之世，當在不遠。乃至達爾文氏發明物種進化之物競天擇原則後，而學者多以為仁義道德皆屬虛無，而爭競生存，乃為實際，幾欲以物種之原則，而施之於人類之進化，而不知此為人類已過之階級，而人類今日之進化，已超出物種原則之上矣。此『行之非艱，知之惟艱』，進化論可為鐵證者……也。」❼

因此，民生哲學實在是涵蓋著人生的全盤。這可從 國父把法國大革命的三個口號—Liberty、Equality and Fraternity——比擬於三民主義而得到更進一步地說明。國父以 Liberty（自由）擬於民族主義，Equality（平等）擬於民權主義，Fraternity 擬於民生主義。而意義最深長地就是他把 Fraternity 譯為「博愛」。❽「博愛」是 國父整個思想體系的核心，惟有從這一基點出發，來觀察一切事物，始能圓滿和諧，各得其所。

只要把握這一要點，我們就不需再費神地去分析三民主義和唯物的、無神論的共產主義的區別了。如同列格（Shao Chuan Leng）和帕麥爾（Norman D. Palmer），在合著的「孫逸仙與共產主義（Sun Yat-sen and Communism, London, 1960）」一書所說：

「顯然，孫逸仙與當今中共頭目的思想誠有天淵之別。因為人稱 『孫』為人類歷史上

❼ 國父全書十七頁。

❽ 同上二三六頁。

最仁慈的革命家，他深信孔子人道主義的傳統，中道和大同；而當今中共頭目則強調階級鬥爭而非互助合作，他們認爲階級鬥爭是摧毀敵人的利器。沒有任何思想在本質同精神上比三民主義和當今中共的共產制度更爲歧異！今日中共的社會制度正在摧毀中國家庭，並以苛刻殘酷的手段壓榨大陸同胞，他們所用手段的卑鄙，甚至連其他許多共產國家都會覺得毛骨悚然！」

這種觀察，不論在何處均具有同樣的客觀性。本書的作者，在結論中又提供一高超的見解說：「共產主義而非三民主義，已證明僅是中國革命歷程中變態的過渡階級，而不是它的終極目的地。」

第六節　道德史觀

從道德觀點來觀察世事的習慣，是　國父思想的一大特色，這就他的民生哲學來說尤其確切。

國父在與林百克法官的談話中曾說：

「民生是一種道德上的努力，而不是階級間的鬥爭。它既是實際的，也是理想的。……我應該說，民生遠比其他二大主義更重視我們的倫理傳統：在中國人信仰民族主義和民權主義後，應藉自己人格的覺醒，作爲一個有益人類幸福的媒介；此一自覺，將使他變成愛羣樂羣的君子。在這個對世界具有價值的自覺感中，利己主義遂爲利他主義所替代。……讓我再強調說，民生便是一種倫理力，是運用倫理的方式，使各階級合作和諧，而絕不是使各階級互相仇視而益形分裂。在三民主義中，尤其是民生主義中，這種仇視的態度是絕對要不得的。我們必須記住，民生之繼續發皇，端賴拋棄一切仇視，取消一切誇張，丟開一切偏見，避免令人不能透氣的階級區分。每個人應時時刻刻提醒自己，並徹底瞭解個人的問題，惟有先解決大衆的問題，然後才能得到圓滿解決。⑨

就國父而言，毫無節制的資本主義是要不得的，因爲它使國家財富集中在少數人之手，剝奪人民合理生活的公平分配；而共產主義是應加譴責的，因爲它發動階級戰爭，運用暴烈戰術，阻塞和平之路。二者在基本上既都是變態；又有害於「人類愛」的發揚，而這一「人類愛」正是民生哲學的核心。

第七節　三民主義與馬克斯主義的主要區別

⑨　林百克法官（Judge Li nebarger），與孫逸仙談話（*Conversation with Sua Yel sen*）十九頁。本書是尚未出版的油印本。

我們在上面已討論到三民主義與馬克斯主義的基本區別，在這裡無需再加贅述。可是不久前，孫哲先生曾指出二者的不同，我覺得已抓住這一問題的中心在此誠有一提的必要。他認爲，三民主義與馬克斯主義的最大區別，在於對達爾文主義「生存競爭優勝劣敗的原則」有不同的看法。⑩「適者生存，不適者淘汰」，是達爾文進化論的要旨。可是達爾文乃生物學家，他的學說嚴格地限用於生物界。他本人決不想把它適用於人類。但馬克斯卻以爲生物界的眞理，在人事界也一樣是眞理，所以其階級鬥爭的理論是在達爾文主義的影響下形成的。馬克斯主義者戈列夫（B. I. Goreff）亦曾說：「馬克斯主義就是應用於社會學上的達爾文主義，達爾文主義卽是應用於生物學上的馬克斯主義。」⑪另一方面，　國父把世界進化分爲三個時期：其一爲物質時期，其二爲物種時期，其三爲人類時期。他認定每一時期各爲不同的原則所支配。在物種的進化，國父同意達爾文物競天擇的觀察，但卻不同意自命爲達爾文信徒的學人，把物種進化的原則施之於人類。人類雖由物種進化而來，可是一旦產生人類，他便具有與其他較低級動物不同的人物。由於人類的誕生，進化遂邁入新階段，爲新的原則所支配。**物種以競爭爲原則，人類則以互助爲原則。**

⑩ 同註六，九二頁。

⑪ 同上，九四頁。

第八節　生計是民生的出發點

由上述可知，「民生」包括人民的生計問題。因爲　國父是位十足的孔子人道主義者和實用主義者，所以並不無視於人類生活中的生計問題。誠然，人非爲吃而活，但誰能否認人必須爲吃而活呢？聖．多瑪斯(ST. Thomas)那樣注重精神生活的思想家，將人類的自然傾向分爲三種：㈠爲物質的，㈡爲物種的，㈢爲理性的。⑫在物質的傾向方面，因爲每一實有體（substance）遵循他的本性，均保持自己的存在，所以人具有同其他實有體一樣的本性。由於人類具有這一自然傾向，所以一切維持人類生活和排除生活障礙的措施，均屬於自然法。

在物種的傾向方面，人具有與其他動物相同的生育和養育等的自然傾向。在理性的傾向方面，人具有善度美滿生活，體識上帝和宇宙的眞理，和諧地生活於人類社會和爲善避惡等自然傾向：此一傾向植根於人所特有的理性，而爲人與其他動物的主要區別。凡是有助於此一傾向的發展和充實人的理性者，都屬於自然法。

因此，聖．多瑪斯認爲，人類有其不同的進化階段，這是與　國父的看法相脗合的。無疑

⑫ *Summa Theologica*, II—I. Q 94, Art. 2.

地，維護人民生計是自然法的一部分。

孔子和孟子的根本看法是和聖．多瑪斯相同的。論語裡有這樣一段記載：

「子適衞，冉有僕。子曰：『庶矣哉！』冉有曰：『既庶矣，又何加焉？』曰：『富之』。曰：『既富矣，又何加焉？』曰：『敎之』。」⑬

顯然人口、生計和敎育三個問題都屬於民生哲學的範疇。人口的問題雖然在民族主義中亦加探討，但只是把它當作一個要素。而在民生主義中，關於國民生育方面，人口問題卻變成一個實際的問題。（參閱　蔣公手著「民生主義育樂兩篇補述」）孔子所說「富之」，其意並非欲使人人成爲資本家。他的眞正意思是要使人人富足。至於敎育，顯然亦是「民生」的重要內容。

國父的民生哲學，不但與孔子富而後敎的意思相同，而且和孟子的主張也完全脗合。孟子有一段言論，可以與民生哲學互相參證的。他說：

「無恒產而有恒心者，惟士爲能。若民則無恒產，因無恒心。苟無恒心，放辟邪侈，無不爲已。及陷於罪，然後從而刑之，是罔民也。焉有仁人在位，罔民而可爲也。是故明君制民之產，必使仰足以事父母，俯足以畜妻子，樂歲終其飽，凶年免于死，然後驅而

⑬ 論語子路．

至善，故民之從之也輕。今也制民之產，仰不足以事父母，俯不足以畜妻子，樂歲終身苦，凶年不免于死亡，此惟救死而恐不贍，奚暇治禮義哉？」⑭

第九節　方法與目的

在謀人民生計方面，　國父和上述孔、孟的觀點具有相同的客觀性。他提出解決社經問題的二大政策——節制私人資本和平均地權。

節制私人資本是發展國家資本的必然結果。這些都只是達到目的所採用的方法，其目的則往往在於充實人民的生計。只有確定目的，方法才可能保有彈性。雖然職業經濟學家和共產黨徒可以稱　國父的經濟論是一種炒雜燴；但是事實上，這些理論只是理性的化身，能夠適應變動不居的社會。保羅・林百樂博士（Dr. Paul M.A. Linebarger）有一段透闢的話說：「關於經濟政策，孫逸仙不喜歡綁住其追隨者和繼承者的雙手。」⑮他引用　國父的話說：「有許多事業，可由國家管理而有利，亦有必須競爭始克顯其效能者。余並不固執，經驗之教訓，自不可漠視。」⑯

⑭ 孟子梁惠王上。

⑮ *Political Doctrines of San Yat-sen*, p. 237.

⑯ Lbid,139ff.、又參照「國父在滬對約翰白萊斯福特氏之談話」見　國父全書一〇三一頁。

如果這就叫做機會主義，則孔子一定是機會主義者，因爲孔子一生，在許多場合均未固執己見。國父如同孔子，雖亦注重驗證，但並非經驗主義者。他們均以中道爲唯一的指南，然則中道抽象而微，難以捕捉，所以遇到每一具體情況，必須運用我們公正的判斷力或直覺，才能加以把握。

第十節　馬克斯主義的批評者

德國馬克斯主義者魏福傑博士（Dr Karl Wittfogel），在所著「孫逸仙」（Sun yet-sen）一書中，曾指出三民主義本身的某些顯明矛盾。一方面，有些論述不僅在客觀上，而且在主觀上均贊同資本主義。例如他讚賞福特工廠（Ford plant），主張勞資合作。另一方面，他卻斷然地抨擊資本主義。再者，一方面宣稱中國資本主義尙未發生；他方面卻認爲對於資本主義必須杜漸防微。還有，一方面以爲共產主義和民生主義是互不相容的；他方面卻又主張共產學說是從屬於民生哲學的一部分。

魏福傑博士像忠實的馬克斯信徒一樣，認爲這些所謂矛盾就是中國革命眞正矛盾的反映。事實上，三民主義一點也無所謂矛盾。魏福傑只是單純地想用事實來印證他的先入之見。國父想

⑰ Lbid, 139ff.

運用永遠常新的社會正義感，務使人人各得其所應得。他贊成資本主義改善民生的一面；而僅在資本主義超越理性控制，變成壓榨工具時加以抨擊。在與西方國家比較下，他認爲中國沒有資本主義。但這並非意味著對於資本主義的過度擴張，事先不應採取有效的防止之道。他是醫生，深信預防勝於治療。同樣，雖然民生主義顯然與共產主義互不相容，但這決不足意味著後者的某些要素不能用來作爲貫徹民生計劃的附屬方法，尤其是把它用在驅除壓榨中國經濟的西方帝國主義。事實上，在民生哲學的大熔爐中，甚至於某些共產主義的策略也會因「中和」而變爲王道的一部分。雖然民生哲學從資本主義和共產主義制度吸取某些方法上的經驗，可是它基本的人道主義立場仍舊是屹立不移的。

第十一節　一些具體的經濟措施

一、節制私人資本

國父並不反對私人資本本身的增加或發展。他只是認爲私人資本是達成公共福祉的方法。私人資本只要能夠促進公共福祉，他是不加反對的。惟獨它妨害公共福祉，他才主張應加節制。首先，他想防止西方社會由於個人化資本主義所形成的貧富不均。再者，他認爲有節制的資本主義是值得採取的。關於此，他在英文本實業計劃一書中，有一段很透闢地論述說：「事物之可以委諸個人，或其較國家經營爲適宜者，應任個人爲之，由國家獎勵，而以法律保護之。」⑱

爲了防止財富不正常的集中在私人手中，他主張徵收累進所得稅和遺產稅。大家都知道，這些措施都曾在西方國家實施，得到相當良好的成果。

二、國營事業的發展

「不能委諸個人及有獨占性質者，應由國家經營之。……此類國家經營之事業，必待外資之吸集，外人之熟練而有組織才具者之僱傭。」⑲在這類事業中，他列舉建築鐵路系統，開濬運河，殖民蒙古新疆，開發直隸、山西煤礦鐵源等。「其財產，屬之國有，而爲全國人民利益計，以經理之。」⑳這可說是與俾斯麥的國家社會主義一樣的徹底。

我們可以說，　國父對於財產的看法，就像他的政府論一樣，完全基於經理的觀念。即使私人所有者亦只不過是爲謀個人和整個國家利益的經理人，雖然在經營國家企業的場合，經理的元素比較顯著。他認爲，凡事均應當以人民的幸福爲其善惡的判斷標準。

國父使用共產主義和社會主義的字眼，有時侯很難加以區別，例如有一個場合他曾說：「民生主義就是共產主義，又名社會主義。」他的意思是一切的共產主義者和社會主義者所合理地希

⑱ *International Development of China*, and Edition, (New York, 1929), P. 11. 又參照國父全書四二頁。

⑲ 同上。

⑳ 同上。

望獲得的都在民生主義的考慮範圍內。事實上　國父手訂本三民主義已將上列的言論改爲「民生主義就是用來替代社會主義。又是用來包括社會主義中一切問題的。這便是民生定義的範圍。」㉑對於此一言論，帕麥爾（Palmer）和列格（Leng）有一段極敏銳的觀察說：「這表示『孫』無意把三民主義同共產主義等量齊觀，其眞意在把民生主義當作能涵蓋社會主義和共產主義的上位概念。」㉒在仔細地研究　國父的學說後，我深信他和聖・多瑪斯一樣，在本質上都不是社會主義者。因聖・多瑪斯曾說：「私有財產應附屬於公共福祉。」

三、平均地權

孟子曾引用詩經上的話說：「普天之下，莫非王土；率土之濱，莫非王民。」㉓這是我國君權時代的觀念。所以　國父說，今日旣爲民主共和國，則人民取代皇帝的地位，政府官吏成爲人民的公僕。無論如何，人民是土地的最後所有者。私人土地所有權非絕對，是負有公共職責的。惟獨管理權專屬於私人所有者；至於享用權，則人人有份。古代中國人對「物」的觀念如何，下列一條古老的農歌曾適當地加以指出：

㉑ 國父手訂本三民主義三九五頁。

㉒ Palmer and Leng, *Sun Yet-sen and Communisn* (London, 1967) P. 87.

㉓ 孟子萬章章句上。

「有弇萋萋，
興雨祁祁。
雨我公田，
遂及我私！
彼有不穫穉，
此有不斂穧；
彼有遺秉，
此有滯穗；
伊寡婦之利。」㉔

雖然　國父天生的正義感爲亨利佐治（Henry George）的學說有力地加以證實，然則　國父對付不勞而獲的方法，是與他取自中國經典的人道主義相一致的。　國父曾講一個發生在澳洲的很有趣故事。他說，有一次政府要拍賣一塊土地，這塊土地，在當時是很荒蕪的，都是作垃圾堆之用，沒有別的用處，一班人都不願意出高價去買。忽然有一個醉漢闖入拍賣場來了，當時拍賣官正在叫賣價，眾人所還的價，有一百元的，有二百元的，還有到二百五的，到了還到二百五

㉔ 詩經大田。

十元的時候，便沒人再加高價。拍賣官就問有沒有加到三百元的？當時那個醉漢，醉到很糊塗，便一口答應，說我出價三百元。他還價之後，拍賣官便照他的姓名定下那塊地皮。到了第二天，拍賣官開出賬單，向他要地價的錢。他記不起昨天醉後所做的事情，便不承認那一筆賬；後來回憶他醉中所做的事，就大生悔恨。他對於政府，既不能賴賬，祇可費了許多籌畫，盡其所有，才湊夠了三百元來給拍賣官。十多年後，那塊地皮的周圍，都建了高樓大廈，地價都是高到非常。最後，這塊地便漲價到幾千萬，這個醉漢便變成了澳洲第一個富翁。國父在細說這個故事後評論說：「在變成富翁的地主，當然是很快樂的；但是考究這位富翁原來祇有三百元買得那塊地皮，後來沒有加工改良，毫沒有理會，祇有睡覺，便坐享其成，得了幾千萬元。」㉕

這是一個「不勞而獲」的適例。並不是由於地主的功勞，而是因爲社會上大家要用那處地方來做工商事業的中心點，便去把它改良，才逐漸使地價增加到很高。此一問題之所以形成嚴重的社會問題，其原因不外是地價一增漲，在那塊地方的百貨價錢，也隨之而漲。「所以就可以說衆人在那塊地方經營所賺的錢，在間接無形之中，都是被地主搶去了。」㉖

國父對於土地問題的解決方法不僅是具有創意和可行的，而且也是適當和合理的。他不採用沒收私有財產的暴烈手段，只想就私人土地所有權加以限制，以防止其流弊。他所提出的要領是

㉕ 國父全書二六七頁。

㉖ 同上。

「照價徵稅」或「照價收買」。採用這種方法，如果地主以多報少，政府可以「照價收買」，地主會吃地價損失的虧；在另一方面，如果地主以少報多，則「照價徵稅」，地主也會吃重稅的虧。「在利害兩方面互相比較，他（指地主）一定不情願少報，要定一折中的價值，把實在的市價報告到政府。地主既是報折中的市價，那麼，地主和政府，自然是兩不吃虧的。」㉗

第十二節 結論

最後，我們可以說民生主義是從食衣住行四大生存基本需要開始。然而 國父是從倫理道德的觀點來處理這些物質的需要的。不管在任何地方，構成他的學說和一切計劃的動機都是仁愛，而以中道為其不變的指針。

除了四大基本物質需要外，「民生」還包括其他的種種需要，例如印刷工業，社會福利，青年、老年和病患的照顧，以及貧苦者的救濟。在智識和精神生活方面，教育、人文追求、思想自由和宗教信仰。都包括在民生的基本需要之中。國家是在保護所有這些需要，不是用直接設立公家機構的方法提供這些需要，就是間接以鼓勵和組織民營企業的方式盡量地滿足它們。雖然所運用的方法必須隨著國家的不同情況而調整，但是目的則只有一個——人民的幸福。

㉗ 同上二六九頁。

在西方各類社會學說中，民生主義與近代敎宗在偉大的通諭中所表明的最相近似。在庇護十一世四旬節紀念日（Quadragesims Anno）的演說中，我們知道近代社會主義可分爲二派，一派是殘暴而極端的，另一派則是溫和而有節制的。前者墮落成共產主義。庇護十一世描述它說：「共產主義敎訓和追求雙重目標：卽殘忍的階級鬥爭和完全廢止私人所有權；它所運用的，不是祕密的手段，而是公然地，甚至於一切最殘暴的手段。爲達到這些目的，共產黨徒明目張膽，無所忌憚；無人敢相信，當其獲取權勢時，其所作所爲是多麼的殘酷和不人道！」

顯然，國父學說的整個意旨是反對如上所眞實描繪的共產主義。像敎會一樣，國父最厭惡殘忍的階級鬥爭和暴烈而全部的廢止私人所有權。這使我們提到有節制一派的社會主義。庇護說：「其他仍然保有社會主義之名的一派，幾乎沒有一點極端的見解。它不僅極爲反對訴諸腕力，甚至於在某種程度內，它緩和並節制階級鬥爭和廢止私有財產。它並不完全丟棄他們。事實上，社會主義並不怕取自共產主義者的原則和結論，因此不像是趨進於基督敎傳統常加尊重的眞理；無疑地，其所採取的步驟，往往極爲近似基督敎社會改革者的公正要求……如果它避免敵對和互相仇視，則階級鬥爭將逐漸地變爲歧見間的誠懇討論，而以祈求社會正義爲其基礎。如果這就表示我們所渴望的神聖的社會安寧，它必將有一趨向於職業團體互助合作的步驟。而反對私人所有權的鬥爭也會大爲降低。運用這種方式，目前它受攻擊的實非生產工具的占有，而是違反一切正義的那類統治者的職位，爲富人所攫取和篡奪……如果這些改變繼續下去，則有節制的社會主義將不再與根據基督教原則尋求改革社會所運用的步驟有別。因爲私人擁有統制財產的機會太大，有害於整個社會，所以有些財產應由國家保有是正確的看法。這種公正的請求和期望既一點不與基督教的眞理相反，在任何意義上，也不與社會主義有別。因此那些毫無請求和期望的人，沒有理由成爲一位社會主義者。」

如果我們比較民生主義和上述有節制的社會主義，我們就會發現前者甚至於比後者更接近基督教傳統的論點。事實上，　國父不用社會主義一詞而以「民生」替代之是意味深長的。作爲一位堅定的孔子人道主義者，　國父深信人類不能把一切事物社會化，而無害於人之所以爲人的尊嚴。人的內性生活——他的思想和精神——必須保有完全的自由。那就是爲什麼他強調思想自由和宗教信仰。

一九二三年十月，　國父在廣州全國青年聯合會，以「國民要以人格救國」爲題的演講中說：

「宗教的優點，是講到人同神的關係或同天的關係，古人所謂天人一體。依進化的道理推測起來，人是由動物進化而成，既成人形，當從人形更進化而入於神聖。是故欲造成人格，必當消滅獸性，發生神性，那麼，才算是人類進步到了極點。」㉘

㉘ 同上九三二頁。

這一觀念與英國哲學家亞歷山大（Samuel Alexaneder）在其一九二〇年所著「空間、時間和神性（Space, Time and Deity）」一書中的看法出奇地相似。因爲 國父提出這一觀念的演說是在此書出版後三年，而他又是一位博覽羣書的人，所以他可能讀過這本書。亞氏認爲在宇宙進化中的每一階段，都是進化中向上衝動的作用（Nisus or urge toward a still higher quality）。而這個向上衝動的表現，也就是神性的表現。對於動物而言，人類的出現，已經是神性的突然發現了。但是對人類來說，神性卻是還沒有實現，人類現在還是憑著那不息的向上衝動，勇往直前，趨近這個神性。

但是，我們幾乎不需要假定受亞氏的影響來解釋 國父的觀念，如果我們記得 國父是一位日新又新的人，則在他的內心中，一定會感覺有一股趨向較高階段的不可壓抑的向上衝動。

神性爲整個進化過程的終極目標這一觀念，乍看起來，似乎與基督教的見解不相一致。然而在這裡必須指出的，就是 國父是從現象學的觀點來看進化，而不是出自本體論和形上學的立場。就形上學的立場言，神是元始同時也是終極。因爲人本來是神所造的，所以人在進化的過程中，應該更進一步地趨近神性，這是合乎邏輯的。

蔣公的悅樂精神

一、蔣公所樂何事

宋儒程明道先生說：「昔從學於周茂叔，每令尋仲尼顏子樂處，所樂何事。」我覺得這是研究我國古來聖哲的人生哲學的最簡單而有效的方法。比方說，論語開宗明義第一章就說：「學而時習之，不亦悅乎。有朋自遠方來，不亦樂乎。人不知而不慍，不亦君子乎。」這三句話，已把孔子的人生哲學的核心透露出來了。孔子是好學不倦的，孔子是樂羣愛人的，而同時又是獨立不移，遯世無悶的，凡論語裏所述「發憤忘食、樂以忘憂」，「夫仁者己欲立而立人，己欲達而達人」，「古人學爲己」，與大學中庸裏所講的愼獨工夫，莫非是這三句宗旨的引伸。

同樣，我們如果要洞徹 蔣公哲學思想的眞相，也先要找尋 蔣公所樂何事。很幸運的，蔣公對於這點，曾屢次昭示了我們。例如他在「革命教育的基礎」（一名「革命哲學入門」）裏，就說：

「研究哲學，亦就是要求其心之安樂，使我所做的事，都能心安理得，而毫無疑懼不寧的地方。孟子所謂『萬物皆備於我，反身而誠，樂莫大焉。』這種反身而誠的快樂學問，亦只有在研究哲學中才能得到的。王心齋說：『學者學此樂，樂者樂此學。』如果一個人對他所樂的東西，能夠如好好色；對他所惡的東西，如惡惡臭；那還有什麼不能力行，不能成功的事？」（中華民國四十三年七月在陽明山莊講）

在同一篇演講中，蔣公引證了王陽明先生的話，而加以自己的卓見說：

「王陽明說：『良知是造化的精靈……，眞是與物無對，人若復得他（良知）完完全全，無少虧欠，自不覺手舞足蹈，不知天地間更有何樂可代。』這裏的所謂與物無對，就是說良知是我們的中心主宰，也就是等於一個信仰宗教的人在其心目中的一個上帝一樣，他是至高無上的，所以每到自己覺得一旦良知發露，或者果能致其良知的時候，自然如對越上帝，無樂可代了。」

蔣公接着把自己所體驗的眞樂用四句所謂「樂的話頭」，揭示大家說：「優遊涵泳，鳶飛魚躍，樂道順天，活活潑潑。」這是　蔣公內心生活最好的自畫像。

二、修己之樂與助人之樂

以上所講是內心之樂。內心之樂是屬於本體，是超時間的，就像經國先生所說：「祇有內心的快樂，才是永久的、眞正的快樂。」（見「知勉錄」二六頁）這就是孟子所謂「反身而誠，樂莫大焉」之樂，也就是王陽明先生所說「樂是心之本體」之樂。這本體之樂是絕對的，無所待的，先天的，不能替代的。這個先天之樂，是和范文正所說的「先天下之憂而憂，後天下之樂而樂」的名言不相背違的。因爲范文正所講的是相對的樂，不是絕對的樂。王陽明先生是講內聖之道，范文正是講外王之術。所以，如講內心之樂，我們應說：「先天下之樂而樂。」其實我們如果眞要助人，也必須先從修己做起。不過，徹底的說，修己與助人是有密切關係的。我們如能盡心盡力助人，自己的人格才能完成，而內心的悅樂也才能充實。

關於助人之樂，　蔣公曾說：「惟有助人，才可以得到最偉大最高尙的眞樂！」（「國民精神建設之要旨」）又說：「助人不但可以使自己心安理得，天君泰然，精神上得莫大的快樂；而且我們愈能夠幫助人，就愈得到人家的幫助，愈容易成功我們的種種事業，實現我們的一切理想。」（同上）

經國先生飽濡　蔣公庭訓，也親自體驗了這個眞理。他說：「人生最大的樂趣，是爲他人解決困難、解除痛苦。」（「知勉錄」二六頁）惟有以助人爲樂的人，才說得出：「窮也要窮得快樂，苦也要苦得快樂。」（「知勉錄」二七頁）因爲，祇要能救苦救難，我們自己卽使必須受苦受難，也是甘心情願的了。原來世界上最快樂的人，是不求自己快樂，而樂于爲人羣背負十字架的人。這樣的人，身體雖然非常勞苦，但心中自有至樂。

三、眞樂的源泉

眞正的快樂，不是用任何方法可以直接追求的，祇有我們修己助人的工夫到達了相當程度時，這個快樂才會自然而然的從心靈深處湧了出來。這是孔孟與歷來大儒的心傳，也是　蔣公從小所吸收的。自從他信奉了耶穌以後，他的內心生活更形堅定，更形蓬勃，而同時他的內心悅樂，也因信望愛三德的成長，而接觸了一切快樂的活泉——上帝。於是，　蔣公的悅樂精神，乃成爲有源之水，盈科而進，滾滾不絕。在　蔣公身上，倫理修養與宗敎修養，雙管齊下，相得益彰，雖經歷了千辛萬苦，渡過了重重的生死關頭，他始終不屈不撓，朝氣蓬勃，保持樂觀奮鬥的精神。近來恭讀　蔣公的「病中隨筆」，窺見他在最後的歲月裏，心中仍然洋溢着悅樂精神，譬如他說：

「精神力量繫於觀念與信心。人人當一無慮念靠正義和眞理而獲得喜樂。」（見「先總統　蔣公逝世三週年紀念集」）

「久病不痊，只有持志養氣，不急不躁，休養醫療。近因病痛，已無消遣之物，但以心理不惑而自有樂趣。」（同上）

觀此我們可說　蔣公已達到了「仁者不憂」的境界。不過，在這裏，我們必須加上一個註腳。嚴格地來講，「仁者不憂」這個理想，不是人類所能完全做到的。祇有上帝是全仁的，所以也完全無憂。一個人祇能希望不斷地向上進步，方能越來越接近這個理想。在人來說，只要能日新又新地向這個理想邁進，就能說他已踏進「仁者不憂」的境界了。因爲，這個境界是動態的，不是靜態的。　蔣公到老還是在日新又新，這就是他樂以忘憂的基因。

四、至誠之道可以前知

在　蔣公的最後歲月裏，我國的國際環境，已到了極其黑暗的地步了。當時，我國已退出了聯合國，日本也已與我們斷交。但是　蔣公當時仍洋溢着樂觀奮鬥的精神，而且心裏「自有樂趣」。這是什麼緣故呢？這是因爲　蔣公是一位至誠之人，因而有先知先覺的靈賦，而且他所預見的遠景是非常光輝的。我在這裏，只須舉出一個例子，讀者就能曉然于懷了。 蔣公在六十二年雙十國慶告全國軍民同胞書裏，有下列的一段文字：

「今天由於我們暫時的頓挫，人們就又以爲國民革命正再蹈於孤立的困境，其實反共產，反暴力，是人類的良知天性，我們在精神上、道義上並不孤立，更可以說是多助之至的；尤其是在大陸七億人心向背上，正握有絕對優勢的壓倒性，所以在意識上，我們是外逆內順，而且外逆也根本只是一時的；共匪卻是外順內逆，其外順一樣是短暫的；因爲它因內逆形勢的加急，就必定迫使其外順假象的消失。」

前幾天，爲了要寫這篇文章，我就把 蔣公的言論集隨意地重溫一下，當我讀到上引的書告時，我的心靈大爲震驚，我對自己說；「 蔣公這節文字，不是正爲目今的情形寫照嗎？」 蔣公一生，向有「料事如神」之稱。正如中庸所說；「至誠之道，可以前知。」我希望海內外同胞大家都能了解， 蔣公的觀察是有極度的正確性， 所以，我們必須要抱着「處逆毋餒，處順毋怠」的態度，自強不息，向前邁進！這樣我們一定能夠完成我們歷史使命！

蔣公的精神生活

一、人生不可須臾無宗教信仰

當代神學家保羅・諦立希 (Paul Tillich) 曾特別強調說：「今日的人類，不論在肉體或精神方面，也不論在個人或社會生活，總是病態畢露，其最根本的病源，是在人性與神性脫節；而唯一的針砭之道，也就在於謀求人性和神性重相融合。」(The Eternal New, p. 63)

這的確是一針見血的話。也正由於這種情形，使我們深感先總統　蔣公的思想言行，對於今日的世界，以及未來的人類，具有極爲重大的意義。因爲他以畢生的時間從事哲學的思索，以全部的心力實踐基督的教義，使他自已達到了天人合一的境界，同時更本着推己及人的懷抱，希望普天之人共沾幸福的甘露。他對共產主義絕不妥協的反對，並不是由於恨，而完全是因爲他仁愛成性，對於人類的精神生活懷着不能自己的關切。他深信「人生不可須臾無宗敎的信仰」；所以他認爲宗敎信仰的自由，乃是人類幸福的最基本條件。這從下面的一段話中可以看得很清楚。

人之所以異於禽獸者，在其有精神生活。精神得不到安定，人格便陷入破碎的境域。個人不能保持其人格的完整，社會也就不能保持其安定的秩序和良好的風氣。

現代的心理學家也嘗試以科學方法來治療人類的精神病。如果是神經系統有了病，在醫學上並不是沒有治療的方法，但是要使一個人收拾其破碎的心理，養成其完整的人格，科學還是無能爲力的，唯有宗敎信仰和人生哲學的基本思想，纔是人格的內在安定力。

共匪要瓦解我們的社會，滅亡我們的國家，首先就要摧殘宗敎，箝制我們的信仰自由。一般敎育家和科學家或許以爲宗敎是反科學的迷信，對共匪迫害宗敎的暴行，不加重視。殊不知一個人沒有信仰，就失去了人生的歸宿。一個社會沒有宗敎，就失去了精神的安定力。我們要看清了共匪爲什麼要摧毁宗敎，纔能達成他征服世界奴役人類的目的，我們就能夠了解宗敎對於個人和社會的重要性了。（民生主義育樂兩篇補述，第三章。）

我以爲這一段話，確實是至理名言，足以振聾啓聵；只是在今日人欲橫流的世界裏，或許還有言者諄諄，聽者藐藐的情形。但是我深信後世的人類一定會把　蔣公視爲人類最偉大的先知之一。

蔣公又說：「歷史昭示我們，人類是以神爲中心的動物。信奉上帝卽可得到人類所渴求的任何東西，若無信仰，人類的靈魂，卽趨於淪亡。」（見五十年十二月三十日中央日報）這豈非先知先覺的灼見嗎？

二、學貫新舊

耶穌曾說：「凡文士受教作天國的門徒，就像一個家主，從他庫裏拿出新舊的東西來。」（馬太福音十四章五十二節）這裏所謂「文士」，或譯「經生」，是指精通古經的學者，尤其對於古經中之道德部分有專門的研究。這是代表舊的傳統。至於「天國的門徒」是指新教的信徒。如果一個研究古經的學者，能接受耶穌的新道，那末，他一定能把新的舊的融會貫通，演成一個活的綜合。本來，一切眞理，皆屬一源，無所謂古今中外；我們只要能心領神會，便會覺得一切眞知灼見，原是自己家中的寶藏。 蔣公曾說：「天下的事物，根本就無所謂新舊，天下沒有一件東西是新的，甚至可說是越新的東西越舊，越舊的東西越新。」（二十三年七月十七日講）這實在是明心見性的話。

我覺得 蔣公讀書，最能心領神會。這一點，只要細玩下列的話，就可洞然明白：

活的學問，一定要能多看書，而且要將書本上所講的理論，與自己的經驗閱歷以及一切客觀的實際情形互相參證，比照研究，使理論與實際融合貫通，學問與經驗打成一片，這樣看書，才能得到實在的學問。……孟子說：「盡信書不如無書」，總理說：「用古人而不爲古人所奴」，曾國藩讀書的要領在能「虛心涵詠，切己體察」八個字，這都是我們讀書的要訣。所以我們以後讀書的時候，自己的心神，切不可有所拘泥黏滯，要有一種安詳而靈明的心境來讀書，凡書中沒有講明的道理，或有錯誤缺點，都要徹底的研究求得其正。如果其書中說理有講得不透徹的地方，我們要能補充或存疑。我們如果用客觀的態度，來研究和批評所讀的書，那末，讀書眞能獲益，學問的進步，將有一日千里之勢。（剿匪成敗與國家存亡）

這段言論使我想起禪宗六祖惠能的偈語：「心迷法華轉，心悟轉法華」；更使我想起聖保羅所說：「吾人論述天主之事，不假人智之術語，而悉循靈神（聖靈）之默啓，亦欲以明心，以神會神而已。」（歌林多前書第二章十三節）

蔣公憑其平素深厚淵博的學養，對於聖經和中國的經書曾作一個非常切當而且耐人尋味的比照（按：「比照」二字「比較」更具有深度）說：

……耶穌聖經的新舊約全書，大家知道，舊約多爲記述耶穌的源流、制度、典章、文物、史蹟、歌詩、箴言等類記事之作，是耶教前期的記述，這就有些與我們五經的尙書、春秋、禮記、詩經、易經等孔子以前的記載，有其相似之處。至於新約，則多為耶穌門徒追述耶穌基督示誡傳道的言行記載，乃是耶穌後期的記述，這也就有些像我們的論語，是孔子門人記述孔子思想言行的文子，是一樣的意義。尤其巧合的是，孔門有四子書，耶教有四福音，這四福音就等於我們的四子書，而四福音在耶教聖經中的地位與四子書在十三經中的地位，其重要也是相等的。同時保羅十三章（按：似應作十四篇）與孟子七篇亦有其彷彿之處。特別是保羅有功於耶教，和孟子有功於孔門的關係，亦復相同。（節錄「當前幾個重要問題的答案」）。見秦孝儀先生所編輯的「先總統　蔣公對　國父思想之實踐篤行與融會貫通」六七五頁）

我敢說，這個觀察極為正確。即使聖經專家，如果他們對於我國的經書也有研究的話，也會翕然贊同的。

三、聖保羅與孟子的影響

我從　蔣公在他所手訂的拙譯「新經全集」的原稿上許多親筆修正和圈點，看出　總統所最欣賞的當然是四福音，而四福音之中，尤以若望（約翰）福音爲 蔣公精神之所寄。其他三種福音，相當於論語；而若望福音則近於大學與中庸，尤其是中庸。正如 蔣公的人生哲學，係導源於學庸兩書， 蔣公的宗教修養乃植基於若望福音和若望的書信。至於 蔣公之愛好保羅書信和孟子七篇，更非偶然之事。第一個理由，是在他們文章之美。他們兩位都是富於浩然之氣，也可說富於聖神的靈感，因此他們所寫的文章，氣吞宇宙，大有「沛然莫之能禦」之勢。第二個理由，是在他們的胸襟極爲開朗，而他們的思想又富於「正言苦反」的玄妙意味和人生智慧。經國先生告訴我們， 蔣公曾於家書中對他說：「孟子文章之好，異乎他書，你如將來要做好文章，必須熟讀孟子。」（「負重致遠」七七頁），經國先生並且指出在思想上，孟子書中有三段文字是蔣公所最注意的。第一段是關於民生的，就是「五畝之宅，樹之以桑」的那一章。第二段是講「居仁由義」之道：「仁、人之安宅也，義、人之正路也。曠安宅而弗居，舍正路而弗由；哀哉！」第三段就是：

天之將降大任於是人也，必先苦其心志，勞其筋骨，餓其體膚，空乏其身，行拂亂其所爲；所以動心忍性，增益其所不能。人恒過，然後能改；困於心，衡於慮，而後作；徵於色，發於聲，而後喻。入則無法家拂士，出則無敵國外患者，國恒亡。然後知生於憂患，而死於安樂也。

「生於憂患，死於安樂」；這就是「正言若反」的一個例子。聖保羅書信，也常有同樣的筆調和玄妙思想。在這裏，我只須引出一二則：

幸毋自欺！苟爾中有自矜其世俗之智巧者，吾願其人棄其智巧而反於愚拙，是則眞智巧矣。蓋世之所謂智巧，自天主視之，愚拙莫甚焉。經不云乎：「天主令智者自墮其巧計之中。」又曰：「天主深知智者之千思萬慮，皆屬虛空。」是故切勿以人爲誇也；應知萬物皆備於爾矣。（歌林多前書第三章十八至二十一節）

這段是 蔣公所特別圈出的。再如下列一段，譯文多出於 蔣公之手筆：

故吾人雖似虛僞之徒，而實則至誠无妄也；雖似無聞，而實則闇然日彰也；雖似將死，而實則生氣蓬勃也；雖似受刑，而實則眞我無恙也；雖似不堪其憂，而實則不勝其樂也；雖似窮乏，而實則所以豐人也；雖似一無所有，而實則無所不有也。（歌林多後書第六章至十節）

最後，還有一段文字，我在這裏也不得不引徵一下，因爲這是 蔣公所特別欣賞的：

蓋就予個人言之，實已修得隨遇而安，知足常樂之境界。窮約之味，予固知之；寬裕之味，予亦知之；一切境遇，予已窺其堂奧，測其深淺，外物何有於我哉？故溫飽可也，凍餓亦可也；有餘可也，不足亦未始不可也。總之，予恃全能之主，故能應付萬變，遊刃有餘耳。（腓立比書第四章十一至十三節）」

四、和風慶雲的氣象

顯而易見的，　蔣公的宗教理論，深深地受了聖保羅的影響。在他歷年來的證道詞中，幾乎沒有一篇不引用和發揮聖保羅的話，而且所引的話，　都洋溢着浩然之氣。例如：「我只有一件事，就是忘記背後，努力前面的，向着標竿直跑」；「上帝賜給我們的不是膽怯的心，乃是剛強、仁愛、謹守的心」；「我已經與基督同釘十字架，現在活着的，不再是我，乃是基督在我裏面活着。」這種與主合一，自強不息的精神，是　蔣公與聖保羅之所共有的。

蔣公的精神生活，其奔逸絕塵之處，固似聖保羅，但其安恬寧靜之處，則更似聖若望。就性格來說，聖保羅像孟子，有泰山巖巖之氣象，而聖若望則像顏子，有和風慶雲之氣象。至於　蔣公，可說兩者兼收。兄弟從前曾有三五年的快樂時光，在　蔣公的指導之下，從事於聖詠（卽詩篇）與新經全集（卽新約）的翻譯。當時我確實有「如坐春風」的感覺。這是我生平最愉快的年代，而且在學問與修養上也略有收穫。由於我親炙的經驗，　蔣公那和風慶雲的氣概，便深深地印入了我的靈府。

我覺得最能代表　蔣公的內心生活的，莫如聖詠第一首裏所說：

長樂惟君子，爲善百祥集。
莫偕無道行，恥與羣小立。
避彼輕慢徒，不屑與同席。
優遊聖道中，涵詠徹朝夕。
譬如溪畔樹，及時結嘉實。
歲寒葉不枯，條鬯靡有極。

（見　蔣主席手訂，吳經熊譯，聖詠譯義初稿三十五年十月初版）

蔣公對這首詩極爲欣賞，譯稿也由他細心修正過的。這詩的意境，與　蔣公的心境，適相脗合。讀者只要一看　總統所著「養天自樂箴」，便可了然於懷：

澹泊沖淡，本然自得。
浩浩淵淵，鳶飛魚躍。
優遊涵泳，活活潑潑。

勿助勿忘，時時體察。

（見「科學的學庸」第三章附錄三）

這豈不是具有和風慶雲的氣象嗎？與聖詠第一首同一風格的，還有第二十三首和第百三十一首，也是　蔣公所特別欣賞的，玆亦錄之於下：

主乃我之牧，所需百無憂。
令我草上憩，引我澤畔遊。
吾魂得復蘇，仁育一何周。
更爲聖名故，率我正道由。
雖經陰谷裏，主在我何愁。
爾策與爾杖，實令我心休。
讌我羣敵前，感爾恩施優。
靈膏沐我首，玉爵盈欲流。
慈惠共聖澤，長與我爲儔。
行藏勿離主，此外更外求。

（第二十三首長牧）

我心如小鳥，毛羽未全豐。
不作高飛想，依依幽谷中。
我心如赤子，乳臭未曾乾。
慈母懷中睡，安恬凝一團。
勗哉以色列，飲水輒思源。
世世承流澤，莫忘雨露恩。
（第百三十一首、天眞）

這些小詩，安恬寧靜，溫馨柔和，細得有如情人的低訴，柔得有如夏夜的一陣涼風。又如「好雨知時節，當春乃發生；隨風潛入夜，潤物細無聲。」（杜甫詩句）尤宜注意的，是柔和之中，實有非常剛強的本質，只是剛強不露於外罷了。所以這些小詩所表達的意境，實得老子所謂「知其雄，守其雌，知其白，守其黑，知其榮，守其辱」的微妙。我們如欲洞徹　總統內心生活的眞相，就不可不從這些細微處與平淡處着眼。這樣，我們才能了解　總統的精神生活之如何爐火純青。

使徒之中，以聖若望最爲爐火純青。他是耶穌的愛徒，與耶穌心心相印。他的福音裏所錄耶穌的嘉言，多有其他三福音所未載者。而　蔣公在若望福音譯稿上所加的修正以及用紅藍鉛筆圈點出來的，也特別的多。卽如第一章起頭十四節，一部份是　蔣公親手翻譯的。因此我要把這一段文字錄之於下：

太初有道，與天主偕。道卽天主，自始與偕。微道無物，物因道生。天地萬物，資之以成。斯道之內，蘊有生命；生命卽光，生靈所稟；光照冥冥，冥冥不領。（或可譯「冥冥不勝」）

天主遣使，名曰如望；如望之來，惟以證光；俾我元元，藉以起信。渠非眞光，眞光之證。

惟彼眞光，普照生靈；凡生於世，資之以明。

道彌六合，締造乾坤。茫茫塵世，不識眞君。降蒞領域，見拒屬民。凡納之者，厥名是信，授以權能，超凡入聖，天主兒女，卓哉身分。斯輩之生，非由血氣，惟自天主，無與人意。

道成人身，居我儕中，吾儕親覩，孔德之容。惟一聖子，無上光榮，妙寵眞諦，充溢厥躬。

下列數則是若望所錄耶穌的話，也是　蔣公所心愛的：

人非重生，不得見天主國。（第三章三節）

天主神也，故禮之者，亦宜心領神會，至誠无妄以禮之耳。（第四章二十三節）

遵行遣予者之旨，而成全其工作，是吾食也。（第四章三十三節）

有能置信於予者，必有活水之泉，湧自其懷，沛若江河，源源不絕。（第七章三十八節）

蓋予不孤，遣予之父實與予偕。（第八章十六節）

爾能恪守吾道是眞吾徒，且必能了悟眞理，而眞理必使爾爲自由之人矣。（第八章三十一至三十二節）予欲以一新誡授爾曹，即彼此相愛是已。務以予之所以愛爾者彼此相愛也。（第十三章三十四節）爾若愛予，宜守吾誡。予當求父另遣保慰恩師，永與爾偕；恩師非他，眞諦之神是已。（第十四章十五至十七節）

人若愛予，必守吾訓，則吾父必愛之，且將偕予同就其人，而以之爲安宅。（第十四章二十三節）予以平遺爾，予以己之平安施於爾等，而予之爲施，亦有異乎世俗之所爲矣。毋事忐忑，毋事疑懼；爾已聞予言之，予去當復來，爾若愛予者，則宜因予歸父而喜，以父實大於予也。今事猶未成，先以告爾，俾事成而信彌篤。（第十四章二十七至二十九節）

人之愛，莫大於爲其友捨生。爾能遵行吾之所命，是吾友也。（第十五章十三至十四節）

以上所引各節，都是 蔣公精神生活的柱石。還有一段話可說是憂樂悲喜的辯證法，也爲 蔣公所特別注意的：

予切實語爾，爾將哀悼痛苦，而世將歡欣鼓舞。爾等不免憂心戚戚，然爾等之憂戚，終必化爲神樂。若懷胎之婦，分娩時不勝痛苦，及其既產，則忘其苦，且必以世上新生一人而樂焉。是故爾目前雖感憂苦，迨予重復見爾，則爾必欣然而樂，爾心之樂，人莫奪焉。（第十六章二十至二十二節）

這個憂樂悲喜的辯證法，可以代表基督教中最根本的思想方式。沒有蒙難，就不會有復活。其實，這個思想方式是普遍的。中國人的宇宙觀和歷史哲學，也充滿了同樣的辯證法。無論老子的禍福倚伏，易經的否極泰來，古諺中之「殷憂啓聖，多難興邦」，與黃蘗禪師的「不是一番寒徹骨，怎得梅花撲鼻香」，諸如此類的眞知灼見，都是同一眞理的多方表現。 蔣公對於這個眞理，有非常深切的體認。所以他常說：「黑夜罪惡勢力最猖獗的時候，也就是我們革命勝利的契機——民族復興，國家重建——卽在孕育新生的時候。」（五十三年耶穌基督復活節證道詞） 蔣公也曾向大陸上的同道們呼籲說：「你們總要堅定自己的信心，惟有不移的信心，才能打破凶險的環境，也惟有堅定的信心，才能改造黑暗的時代，只要你對上帝和救主耶穌基督的信心，能永不喪失；只要能用信心來抵抗惡魔的試探和引誘，那勝敗之勢，就會立刻轉變過來。大家豈不知黑暗

一過，就是白晝嗎？嚴多一過，就是陽春嗎？詩篇說：『一宿雖然有哭泣，晨起便必歡呼。』」（四十一年耶穌聖誕節廣播詞）

從以上所述，我們可以窺見　蔣公對於若望福音的心得之一斑了。我在這裏還要指出　蔣公對若望的書信，也極端重視；有好幾處地方，　蔣公特別圈點出來，促我注意。我現在但須舉出最重要的兩點。第一點是若望對愛德（或仁愛）的觀念：「天主即是愛德；是故以愛德爲安宅者，即是以天主爲安宅，而天主亦以其人爲安宅矣。」（若望一書第四章十六節）這句話是重要極了，因爲它對「天人合一」的理想，指出了一條康莊大道。　蔣公的天人合一論，有兩個方面；在他的手裏，哲學與宗教是雙管齊下的。在哲學方面，　蔣公的理論是以中庸的「天命之謂性，率性之謂道」，和詩經的「天生烝民，有物有則」，爲出發點，而了悟「人性即是天性」的道理。因此，他絕對同意孟子的話：「盡其心者，知其性也；知其性，則知天矣。存其心，養其性者，所以事天也。」知其性，就是良知。養其性，就是致良知的功夫。良知就是王陽明先生所謂「天植靈根」。我們只要能用勿忘勿助的心傳，將此靈根培養灌溉，功力既深，此一靈根，必成通天的大樹。這樣才是達到天人合一的境界。在宗教方面，　蔣公更進一步的徹悟「宇宙之中，是有一位神在冥冥中爲之主宰的，並且他是無時不在每一個人的心中，而不待外求的。」（解決共產主義的思想與方法的根本問題）

總統還說：「聖靈即在吾心」。（革命教育的基礎）所謂「聖靈」，就是在我國天主教的術語

中稱爲「天主聖神」的，也就是三位一體中的第三位。觀此可見在 蔣公的心目中，上主不但是宇宙萬物的創造主和世界的主宰，也還是住在我們心靈深處的神師。惟其如此，我們纔能與上主心心相印，所謂「同聲相應，同氣相求」。依 蔣公的看法，基督信徒既因接受了耶穌的救贖而得到新生命，然後他們的「內心得到聖靈的充實。」（四十七年耶穌受難節證詞）原來，聖靈就是眞諦之神，也是仁愛之神（The Spirit of Love），所以我們的內心若是充滿了仁愛，也是充滿了天主。蔣公曾說：「我們人類的天性受自上帝的靈性，這個靈性就是仁愛的精神，這個仁愛就是宇宙眞理之所在，也就是我們人類生命意義的所在。」（四十七年耶穌受難節證道詞）這個見地，與上述若望所說「天主卽是愛德」的話，脗合無間，也就是 蔣公的哲學與宗教的究竟話頭。

還有一點，是若望說明仁者不憂的道理，也是 蔣公所心折的：「愛德之中，不含憂懼，愛德純熟，憂懼自消。心懷憂懼，緦緦畏刑，坐愛德未熟之故耳。」（若望一書第四章十八節）又說：「吾作是書，欲爾曹信仰天主聖子之名義者，自知已具永生也。吾人可拓開心胸，依恃天主；如能先意承志，則天主必樂於垂聽矣。既知天主樂於垂聽，則知吾人凡有所求，莫不如願以償也。」（同書第五章十四節）蔣公所著的「事天自安箴」，可與若望的心境互相印證，敬錄於後，以作本文的結論：

存心養性，寓理帥氣。
盡性知命，物我一體。
不憂不懼，樂道順天。
至誠不息，於穆不已。
（科學的學庸第三章附錄三）

我的法律哲學••在進化中的自然法

吳經熊英文原著
洪玉欽中文翻譯

本文係吳經熊博士，公元一九六四年二月，應美國約翰霍甫金斯（Johns Hopkins）大學政治學系教授 Cook 先生之邀，在該系研究生討論會上，所作的一篇精闢演說。本文中，吳博士對自然法的觀察，圓融透澈，在目下自然法復興聲中，誠具有甚多建設性的意義。吾人若以本文爲吳博士法律哲學的成熟代表作之一，要非過言。今天國內有少數法學名家，每以吳博士早期的文章，作爲論述其法律哲學的根據，誠未能窺其全豹。譯者希望借本文之迻譯，對於認識吳博士的法律哲學，或能有所裨益！吳博士是一位德厚藝高的學者。除了法律哲學是他的本行外，同時他也是一位文學家、教育家、哲學家、和宗教家。他在法律哲學方面的著作甚爲宏富。吾人若欲窺其法律哲學的演進過程，和它的全部美景，除了本譯文外，至少尚須將下列他的主要代表作，一一詳加研究：

1. Juridical Essays and Studies, *The Commerical Press*, Ltd. （上海商務印書館），1928.
2. *The Art of Law*, The **Commercial Press**, Ltd. （上海商務印書館），1936.

3.法律哲學研究，上海會文堂新記書局發行，民國廿六年一月再版。

4."Natural Law", in New Catholic Encyclopedia.

5.*Fountain of Justice*, Sheed & Ward Inc., New York, 1955. 1971 年美亞出版股份有限公司有臺北版。

6.*Cases on Jurisprudence*, West Publishing Co., 1958.

我的法律哲學，主要不外乎二點。第一點是：自然法是一切法律之基礎。第二點是：自然法不是死殭殭地一成不變的東西，而是與時俱進的有機體。因此，我的法律哲學，可以用一個標題來概括：在進化中的自然法。

在本世紀的二十年代初期，我曾留學德國，從當代最享盛名的法學家斯丹木拉（Stammler）先生，研究法律哲學。斯氏是一位新康德派的領袖，他曾經用過「具有變化內容的自然法」這句話。就表面上看，「具有變化內容的自然法」和我現在所講的「在進化中的自然法」，意義似乎相同。然而二者的含義，實有一根本的不同點。事實上，斯氏並不相信自然法，因爲他認爲自然法是一種形上的觀念。雖然在他一八九六年出版的巨構——經濟學與法律——的第三十三節中，曾用「具有變化內容的自然法」一詞，但這只不過是一種假借性的用法而已。然而在該書一九〇六年再版時，他卻把「具有變化內容的自然法」一詞，更改爲「一個客觀的公道法律之可能性」(Die Moglichkeit eines objective richtigen Rechtsenkalts)。」因爲他是一位新康德派的領袖，所以他是一位批判的理性主義者，他希望把所有形上的和本體上的假想和難題，一概避而不談。雖然他主張法律的概念和理想，是具有普遍有效性的，可是他只論到人類思維所及的範圍，而不能替形上的世界講話。斯氏對法律的概念所探討的問題是：法律一詞的普遍意義是什麼？爲了解決這一問題，斯氏將法律的概念，逐步演繹如下：

(1) 一切人類經驗的各種不同形式，不是印象，便是意志。法律很顯然地屬於意志的領域。因此，無論什麼法律都是意志。

(2) 人類的意志不是與個人的內性生活有關，便是與社會共同生活有關。法律很顯然地是與社會共同生活有關。因此，無論什麼法律，都是有關社會共同生活的意志。

(3) 社會共同生活的意志，有二類可能的方式：一類是可以自由服從或不服從，不受拘束的任意性規範；另一類則是受外在權威的制裁，而具有強制性的規範。法律顯然是屬於後者。因此，所有法律都是一種具有強制性的、關於社會共同生活的意志。

(4) 然而僅僅具有強制性的，關於社會共同生活的意志，尚不能稱爲法律。爲了被稱爲法律，那規範不能是一種擅斷的命令，即使是一個主權者的擅斷命令也不能稱爲法律。申言之，法律不能由於一個主權者逞一時之好惡，任意加以違背或修正，法律一經公布施行，連同主權者在內，一體均須受其拘束。所以斯氏獲得一個結論：法律是不能任意改變的，具有強制性的，關於社會共同生活的意志。

斯氏以爲，法律的理想在於公道，他對公道所下的定義是：「各個法律意志的指南，是根據自由意志人的純粹羣體之概念而定的。」從這一極度抽象的理念，斯氏對公道的法律推演出四條普遍的原則，並將它們分成二類：第一類是兩條互敬的原則，第二類是兩條分享的原則。互敬的原則便是：

(1) 任何人的意志，均不應被制於他人武斷意志的支配。

(2) 任何法律的要求，僅能以該負義務的人，仍能爲自己鄰人爲限。

分享的原則便是：

(1) 一個法律社會的成員，既受該一社會法律的支配，即不能任意被擯除於該法律社會之外。

(2) 法律賦予一個人處分權時，其排除性只能以被排除的人，仍能爲自己鄰人爲限。

這裏應該特別指出，由上述第一類的上下文我們可以得知，「仍能爲自己鄰人」的意思，就是「維護他的人格尊嚴」；而由第二類的上下文觀之，「仍能爲自己鄰人」的意思，便係「能夠維持他做人的起碼生活。」

這些原則誠具有強烈人道主義的意味；它們同是植根於人類的尊嚴，和其生活之所需上面的。然而就我個人而言，斯氏似乎不需要運用其所偏愛的邏輯來獲得它們，以致使他的哲學治絲愈紛，而且過分的人爲化。我並不明白，這些原則何以淵源於「自由意志人的純粹羣體」。我寧願認爲，斯氏在生活和法律方面，所表現的強烈道德觀念和基督教的正義感，使他對這些原則，義不容辭地作有系統的排列。我個人則毫不猶疑地將它們併入爲自然法的原則。

我目下對斯氏法律和公道哲學的態度，很像寄兒孫（Gilson）對康德學派的批評，他說：

「或許康德的倫理學只是一種基督教的倫理，但與使它合理化的基督教形上學截斷關係了，雖然仍是一座堂皇的廟宇，只可惜它的根基已被破壞！」

當我正在斯氏門下受業時，我與美國聯邦最高法院的大法官荷爾姆斯先生（Justice Homles），仍不斷保持連繫。雖然我對他們二人均甚尊敬，可是沒有其他兩個人的思想，比他們兩人的更爲歧異的了！斯氏說：「法律是不能任意改變的，具有強制性的。」關於社會生活的意志；荷氏則說：「法律不過是測度法庭在事實上將作如何判決的一種預言，如此而已。」斯氏在法律的探討上，常不停地說：「邏輯第一」，荷氏則聲稱：「法律的生命不在邏輯，而在經驗。」斯氏甚爲強調「形式」和「內容」的對立，他說：「當爲正規的思維方法，形式獨能顧及問題的各面；而內容則無能爲力。」另一方面，荷氏則不喜歡「形式」。在他一九二三年九月二十日給我的信中說：

「剛寄出前信後，關於思維的形式，我有更進一步的看法。不論形式觀念有無價值，形式的唯一用處，只在保存內容。如同一隻啤酒瓶的唯一用途，只在裝置啤酒（或其他合法的飲料）。若是一隻空瓶的話，你即使對它作無限的冥想，也無從產生啤酒。」

我以爲，他們二者的觀察，在各自的立場上，都是正確的。在一九二三年三月號的「密西根法律評論」中，登載我一篇題爲「荷蘭姆斯大法官的法律哲學」的文章。文中我稱斯氏的法律定義爲「法律的概觀」（Conception of Law）」，而荷氏的爲「法律的個觀（Perception of Law）。」我主張合概觀與個觀的知識，來充分理解法律。事實上，法律的本質，必須從整個知覺中探求，法律哲學的目標應爲完整的知識。我以爲，不論法律的概觀和個觀，均假定法律係自已存在的東西（thing-in-itself）。因此他們二者是「從不同的立場指向同一個目標：就是那存在着的法律。」我們若運用邏輯的推理，便可獲得法律的概觀；若運用經驗和心理學的知識，則可得到法律的個觀；如果應用直覺的方法，便可在本體和整體方面理解法律。換言之，爲了調和斯氏和荷氏兩相對立的立場，我們被迫提昇到另一較高的觀點。這便是拙文的要旨。拙文事後獲得雙方的贊同，你們也許覺得驚奇呢！荷氏在給我的信中說：

「你那篇文章的第二部份，獲得我的共鳴。我很高興看到你亦幫着『自已存在的東西』這一邊。這似乎使我猛然領悟到，我們都承認世界並非一場夢。然而我就不太明白，何以無一點看到或想到的素材，而仍能有一個觀或概觀的出現。這難道不是在作夢中才會發生的嗎？」

信中荷氏又說：

「你對法律喜愛得像情人般的情緒，着實令我高興。我只擔心，當你步入生活現狀的生硬一面，你的熱忱可能漸趨暗淡。然而如同我所希望和你的文章所顯示的，你的腹中自有一團靈火，生硬的事實將會變作燃料，使你靈火生焰發旺。」（一九二三年二月五日）

斯氏對於我這篇文章，則特別著文詳加討論，刊登於一九二三年五月號的「密西根法律評論」。他贊成我以「法律的存在（existence of law）」問題，作爲我的法律哲學的出發點。我主張法律的本質，必須從我們整個知覺中探求，斯氏完全贊同；而且他也同意心理學和認識論，必須相輔相成，不可偏廢。他雖然仍舊堅持邏輯和純粹形式的優先，但同時他亦承認概觀和個觀，或者先天與後天之間，作一綜合的重要性。他在該文的結論中總括的說：

「爲了學理上清晰之便，我們不得不用批判的眼光，來分析我們日常生活中的各種複雜觀念。我們必須在各種要素互相協和方面公開綜合，同時必須分辨出不受制於條件的邏輯觀念，我們稱其爲純粹的形式。」

「爲了實用上的方便，我們需要形式和內容的合一。形式是以主婦的姿態而進入屬於現象界的內容。形式是具有制約作用的，內容如果沒有形式，就沒有意義了。在實用上，我們並不注重對比，我們所注重的應是一個圓滿而和協的整體。」

斯氏能承認這一點，已足使我們喜出望外了！

我基本的和持久不變的心向，一直是想超越一切相反相成的觀點，在認識論方面，我曾企圖超越並綜合概觀和個觀。同樣，在自然法的問題上，我曾企圖超越並綜合恒常和無常，固定與變遷。

當我開始研究法律的時候，美國有兩派不同見解的法學家。一派是非常保守的，他們相信自然法和自然權利；另一派則否定自然法和自然權利，主張所有的法律和權利，均源於國家或人民，它們是有變化的，而且是與社會環境、國家政策或公共輿論相對的。二十世紀初葉，美國聯邦最高法院大多數的法官，均因襲純粹個人主義的法律哲學，在他們看來，這種哲學就是自然法。他們借這種哲學解釋憲法，誓死反對一切比較進步的法案，諸如工人賠償法，最低工資法，和最高工作時間法等等的社會立法。他們以爲，使僱用人負擔不可避免而發生的意外事件的賠償責任，無異令僱用人「無過而受責。」在他們的心目中，「無過而受責」是違背自然法的，同時也是侵犯了天賦人權，因此是違憲的。同樣，規定最低工資和最高工作時間，係與訂約的神聖自由相悖的。勞工畢竟不是國家的保護人，他們既已成年，便具有選擇接受僱用條件與否的自由，政府並無越俎代謀妄加干預的權力。因此，這些法官將所有這類法案均宣告違憲。荷氏當時乃美國聯邦最高法院的大法官，常是唯一持反對意見者。不久後，布朗得斯 (Brandeis) 大法官亦常加入他的反對行列。在一九〇五年，所發生的 Lochner v. New York 一案中，荷氏發表了最有名的反對意見。他說：

「光靠抽象的命題不能判決具體的案子。判決有賴於判斷力或直覺。那判斷力或直覺，是比任何的大前提微妙得多了。」

我深信，當時壓倒性多數的青年法律學生，都同情荷氏在各案判決中，所發表的反對意見，如此說法並未過分誇張。就我個人來說，我對於法律哲學之研究是很有興趣的。我以爲，荷氏之所言，暗合自然法的精神，而站在多數一邊的法官，則把他們不合理的看法，認爲合乎自然法的原則，這眞是濫用自然法的名稱。

而荷氏本人，對於自然法也有一種誤解。他把多數派法官對自然法的錯誤觀點，當作自然法的正詮，因此他對自然法居然也發生了強烈的反感。在以「自然法」爲題的一篇文章中，荷氏諷刺地說：

「對於一個詩歌中浪漫的騎士來說，雖然你已承認他的戀人是美麗宜人的，可是這仍舊不能令他十分滿意——如果你不承認她是上帝所造之空前絕後的天生麗質，那騎士必不干與你罷休。任何人均想『希求』第一，卽使一個毫無長處的傢伙，沒有別的東西足以自豪，只得借狂飲沈醉來表示自己的優異。我以爲這一『希求』，便是哲學家傾其全力，企圖證明絕對眞理的主因：這也是爲什麼一般的法學家，在自然法的名下，聚集了種種所謂『普遍有效性的標準。』」

關於這一點，我寫信給他說：

「大作『自然法』一文中，你論及『深信自然法的法學家，他們的心理狀態是天眞的，他們把本身和其鄰人所習知的觀念，當爲放諸四海皆準，而爲人人所當接受的。』誠乎哉斯言也。然而你並未暗示，使法學家和其他任何人，深信這些觀念爲自然法者，也是一個自然的心理傾向，這種傾向可名之曰「心理學上的自然法」。當然這是低級的自然法。我以爲較高級的自然法是具有哲學意義的。當法學家——我的意思是指社會法學派而言——說：普天之下沒有求恒不變的原則，但在他們作此言的同時，他們已不知不覺地在宣布了一條原則，它本身便是在任何時、空均具有效力的。（譯者按：譬如有人說：世間沒有絕對不變的東西。這句話如果是對的，那麼這句話本身便具有絕對不變性。）換言之，他們否認冒牌自然法存在的言論，便係眞正地建立起正宗的自然法，不過這正宗的自然法，要求在人爲制度上，具有變化和成長，而且使人類的演進——有意識的演進——成爲可能。你後來又說：『我們只知道某種力量集合起來，便會搖動它的尾兒（犬）；另一種力量的集合便會從事於思維（人）』，這句話跟我的意思相近。你又說：『我們怎可以用宇宙賦予我們的力量來跟宇宙對抗，這豈不是等於揮着我們的拳頭打擊青天嗎？』你這句話之所指，正與我的意思不謀而合。不過在我的心目中，你所謂『宇宙』或所謂『青天』，就是我之所謂自然法。既然我們的意思相同，那麼我爲什麼還要這樣瑣碎地來分析這些名詞呢？簡單的理由就是，一般法學家對於習用的名詞是很保守的，並且不會容易放棄他們的『自然法』，除非我們指出，他們只看到自然法的背部——好像摩西只看到上帝的背部一樣——而我們對自然法的看法，就好像上帝的面孔一樣，是永遠生輝的，開朗的，能表達內部情感的；對外面之適應非常靈敏的，並且常以人類的幸福爲懷，這才是一種比較眞實的自然法。法律實務家的習慣，喜歡在變更內容的同時，保存形式。」（一九二三年一月八日）

目前我的看法雖然有些不同，可是在自然法的觀念上，融通「恒常」和「無常」（或守經與達變）二成分的願望，在我初涉法學生涯時，已清楚地顯露出來了。然而若論兩種成分間的比率，我不得不承認在我那早期的見解中，的確是強烈地傾向於變化和成長這邊，幾乎要主張：法律的生命中，唯一永恒不變的原則就是變化！

我現在的看法可用數言加以表達。雖然自然法是導源於永恒法（eternal law），但是它絕不能與永恒法混爲一談，否則將重蹈十七、八世紀所有自然法學派的覆轍。因爲永恒法是「神的睿智」的另一名稱，所以它該是絕對完全而不容任何變更，也談不到什麼成長。就另一方面說，自然法只是神的睿智在人性上的烙印，若以多默士‧亞奎那斯（Thomas Aquinas）的話來說便是：「自然法是人類理性對于永恒法的參與」。多氏更進一步地說：「人類經由其理性，並不能對於神的睿智的啓示完全參與，只能作局部而有瑕疵的參與」。多氏又認爲：「人類的理性，自然而然的在逐漸地從比較不完善的，進化到比較完善的程度。」因此，人類理性參與永恒法的能力，也在逐漸成長。

關於這一點，可以從基督敎神學裏借一個比喩來說明。我們都知道，在基督敎的神學裏，耶穌基督降生以前是與天主聖父自始相偕的「道」，在降生時，這「道」就成了人身。未降生前，「道」在本質上原是永恒不變的，但既成人身，就受時間的支配了。所以聖經上說，祂的「聰明睿智，與年俱長；天主聖寵，蘊中發外。（譯者按：此一原文出於新經福音露稼傳第二章第五十二節。譯文錄自吳經熊博士譯述的「新經全集」第一四二頁。）同樣地，永恒法本身是超越成長和變化之外的；但當它寓於人性和人類制度中時，它的存在是有時間性的，而且它必會在深度和廣度方面演進。

換言之，自然法有一不變的核心，它的最根本原則——爲善避惡——不應有任何變化。而一切比較具體的規律，在消極方面，像「己所不欲，勿施於人」；在積極方面，像「己之不欲，亦施於人」，和「己欲立而立人，己欲達而達人」，都是上述核心原則的直接結論。這些直接結論與核心原則似有同樣的效力。在法學的範圍裏面，我們可以拿羅馬大法學家烏爾賓（Ulpian）所提出的三句格言，作爲自然法具體化的例證。那三句格言就是：

(1)誠誠實實的做人。

(2)不得損害任何人。

(3)務使人人各得其所應得。

然而人類文明愈進，人類的理性也隨着更加微妙純粹。其於誠誠實實做人的觀念，損害的種類和等級的觀念，以及人人各得其所應得的範圍和內容，在人類進化的過程中，必然會得到更充實和更有深度的內容，在這方面，自然法可以說是環繞着自己的「核心」而成長，而其邊緣則與人定法(human law)密接。這便是多氏明白曉暢地說的：「自然法可經由『加增』的一途而發生變化。」多氏甚至以爲在某些少數的情況下，自然法可經由「删減」的一途而發生變化。西洋法學家有一格言說：「有原則必有例外」，這是指自然法的次等結論而言的。只有第一等的原則，是沒有例外的，如諸善奉行，萬惡莫作是沒有例外的，至於何者爲善，何者爲惡，與善惡的程度，要看情形而定。

目前由於各國司法方面，對於過去所未曾考慮到的各類新的自然權利和新的侵權行爲，誠爲我們提供不少足以確證自然法可以成長的例子。如祕密權，出生前損害賠償請求權，第三人利益契約，不當得利和恢復原狀的法律，以及關於權利濫用的種種案件，都是經由司法機關，不待立法的手續，而逕自加以確認的。法院固然是人定法的制度，然而在所有這類案件中，自然法透過人定的制度，確有極大的進展。這些都是多氏所說的，自然法可經由「加增」一途，而發生變化的例證。

至於經由「刪減」一途，而使自然法的內容發生變化的一端，我在前面已經談過的，關於社會立法方面的法案，便是最佳的適例。無疑地，「無過失無責任」的原則，在一般情形之下仍是合乎公道的，因此可以把它當爲自然法的次等原則。惟現代工商企業發達，情況特殊，此一原則已有例外出現；同時這一個例外，已經成爲自然法的一顆新芽，在最近幾十年中，已發榮滋長，而吐放出社會正義的花朵。

總之，我以爲永恒法、自然法和人定法是一貫的。自然法譬如一座橋樑，其一端架在人定法的這一邊，而另一端則植基於永恒法的彼岸。若從人定法這邊看自然法，自然法可變的一面，清晰可辨；然而若從永恒法的彼岸看自然法，則自然法不變的一面，亦甚瞭然。以前抱獨斷論的自然法學者，似乎只看到自然法植基於永恒法的彼岸，而認爲自然法的整體是具有不變的傾向，甚至連同它的微細末節亦包括在內。就另一方面看，抱懷疑論者，完全把注意力貫注於自然法在人定法的此岸，否認自然法的不變性，甚至於它的最根本原則——爲善避惡——亦不例外。法律哲學惟有以足夠開廣的胸襟，來觀賞自然法的全部美景，在這個美景中，有屹立不移的山嶽，也有流動不息的江河，我們優游其中，樂此不倦，才能使我們的心境，臻乎仁知兼修的最高境界。孔子曾說：「仁者樂山，知者樂水」。我們也可以說，一個法學者必須仁知兼修，才能懂得法律哲學的三昧。

自然法哲學的比較研究

吳經熊英文原著
洪玉欽中文翻譯

一、觀念

1.透視遠景的重要性

自然法的觀念，是現代法律哲學上最具爭論性的主題之一。其所以導致這一形勢的主要因素，乃是過去的幾個世紀中，大多數的法學家忽略了「永恒法」和它的「神性創造者」。甚至於連自然法的倡導者，也往往過份無視它的本體上基礎，而以他們各自感受的人性特質，作爲立論的出發點。由於每一立論者，都堅持自己的人性觀察，無可避免地建立起各自的自然法哲學。格羅秀士（Grotius 公元一五八三——一六四五）發現「愛羣性」（appetitus societatis）爲人性的根本特徵。一切與人類的這一愛羣性相合致的，都屬於自然法；一切反乎愛羣性的，就是違背自然法。另一方面，霍布斯（Hobbes 公元一五八八——一六七九）卻認爲，人性的根本特徵，在於對他人的恐懼感。霍氏把人類自然情況，看作人與人鬥爭的狀態，從而認定人類恐懼和猜疑別人的心性，是人類所本然的。法律的唯一職責，就在締造一個使恐懼和猜疑減少到最低限度的社會環境。凡是能實踐這一職責的法律，就是自然法。普芬朵夫（Pufendorf 公元一六三二——一六九四）發現人性的特徵是不安全感。多默修士（Thomasius 公元一六五五——一七二八）發現的人性特徵，就是企求久長和幸福的生活。其他的自然法論者，也有主張人性特徵是利己心，共通的意趣，和奢侈與浪費的傾向。眾說紛紜，莫衷一是。

雖然以上所提到的自然法論者，對於法律人道化的功績是不容否認的，不過他們對於自然法的臆測，卻都建立在一個不穩固的基礎上。即使是格羅秀士的自然法哲學，也不免墮入唯理論者和一元論的偏見。格氏自「愛羣性」演繹出自然法的方法論中，有絕對的自信，他甚至於宣稱，即使不假定上帝的存在，他的自然法立論也仍舊有效的。

總之，離開了本體論的立場來看人性，只不過能提供心理學上的有效規範而已。在這方面，孔子和其早期弟子，以「天命之謂性，率性之謂道，修道之謂教」這幾句話，[7]作爲道德哲學的出發點，在基本上是正確的。這一見地與多默士學說的立場，甚相接近。多氏以爲，自然法是人類理性對於永恒法的參與；而實證法則包含對於自然法根本不變的原則，當它們被應用於永遠變

[7]：中庸，第一章。

遷的生活現況時所作的各種不同的權宜措施。實證法是人類整體文化的一部分，是由人類的創造力所產生的對於人類天性的發展與充實。

2. 自然法是一座溝通永恒法和實證法的橋樑

雖然永恒法、自然法和實證法三者是不同的，可是三者之間，卻構成了具有一貫性的連續體。這個連續體比如一棵樹；永恒法是埋在地下的樹根，自然法是主幹，而實證法的各種不同制度則是枝葉。這棵樹，不論栽種何處，只要風土適宜，便會吐出文化的華麗花朵，締結正義與和平，眞理與自由，美德與幸福的佳果。

一切人定法的制度，都含有不同比率的自然法原則和實證法規律。自然法的原則不是人所創造的，而是人所發現和宣示的，所以權威機關是不能將它廢止的。教宗良十三世（Leo XIII）曾說：❷

「關於人類頒布的法律，有些在本質上，是有關善或惡的規定；命令人類從其善者，避其錯者，同時加上一個適當的制裁。然則這類的法律絕不是導源於人類的權威機關；因為正如人類的社會不能創造人性一樣，所以人類也不能締造毫無人性的善或反乎人性的

❷："Libertas Praestantissium," 20 June 1888.

惡。法律的根本原則，早在人類營共同生活的社會前，即已存在，它們發源於自然法，歸根於永恒法。因此，自然法的原則，具體地爲人定法所吸收的，不僅具有人定法的效力，而且具有屬於自然法和永恒法的更高級和更具威嚴的制裁。」

關於法律的實證規則，同一教皇有這樣的論說：❸

「其他人類權威機關所制定的法律，並非直接地，而是多少有些間接地遵從自然法的指導；攝吸自然法以概括和含混的方式，所隱露的許多要目。例如，即使『人類的天性』，驅策人類爲大衆的安寧和繁榮有所貢獻，可是無論如何也逃脫不了風俗、環境和條件變遷的影響，所以這一『貢獻』，必須依靠人類的智慧來決定，而不是『人類天性的本身』。」

因此，實證法確實只在充實自然法，它必須隨著社會生活時刻變化中的環境和條件變遷。

二、多默士學說的分析

1多默士的洞見

❸：Ibid.

我們現在可以來論述多默士的自然法哲學。這一具有普遍性的自然法課題，能使人類產生永不厭倦的興趣，而多氏的理論在這一課題中，是最完備的，最具有實際性的，和最活潑生動的。我們之所以把多默士的哲學，當作闡揚自然法的典型代表，並不是基於任何權威的考慮，乃是因爲他的自然法理論，具有內在的價值。多氏自己也曾說過：根據「權威」來討論一種學說，是最弱的論點。事實上，多氏已對自然法論提供一個面面兼顧的看法，在這當中，一切其他不同學派所強調的不同論點，演成了一個美妙的綜合。多氏的自然法哲學是植基於形上學，而著眼於目的論。他了解理性的重要，可是他並不是唯理論者；他重視實用，可是他並不是功用主義者；注重驗證，可是他並不是經驗主義者；注重直覺，可是他並不是反理智主義者；強調兼收並蓄，可是他並不是一個雜家。在他的體系中，一與多互相融合；變與不變各得其所。假如近代法學家能眞正懂得多氏的自然法哲學，並且吸收他篤守中道的精神和方法。那他們也不致陷於獨斷論或懷疑論了。事實上，抱獨斷論的學者，大都把自然法和永恒法混爲一談，好像他們是受權於天，不但對於普遍的原則，而且也對於微末細節，來宣布永遠不變的法律。鑒於自然科學的精確性，他們幻想每個法律問題，也均能得到數學一樣精確的答案。正如荷爾姆斯大法官（Justice O W Holmes 公元一八四一——一九三五）所說：❹

❹：Collected Legal Papers, p. 180.

「我曾聽過一位有名氣的法官說，除非他確信所下的判決是絕對正確的，他絕不敢貿然下斷。因此，對於判決提出異議的法官，往往受人責備，因爲當一個判決有異議的時候，就意味著或者這邊或者那邊是錯的，好像小學生作算術的答案有分歧時，總有一些對於加減乘除的方法是不對的，要是再用心一點去做，他們的答案一定是會相同的。」

因爲獨斷論者假自然法之名，誇張地把他們根本相對的主張視爲絕對，因而把一種習以爲常的見解，當作自然法看待。結果反而引起一般比較有獨立思想的人，對自然法懷著反感，而且根本否定自然法的存在。這些懷疑論者之所以否定自然法，實在是因爲他們所見到的自然法的學說，只限於獨斷論者之所闡述，所以他們的意見，雖然比獨斷論的主張較能迎合時代需要，而他們對於自然法的眞相，仍舊是莫名其妙。這樣的雙重錯誤，導致了自然法的傳統黯然失色。在十九世紀的法學論壇，首先爲歷史法學派所據有，繼則爲科學的實證主義所替代。可是，如同羅曼(Heinrich Rommen) 所言：⑤

「無論所謂『科學頭腦』如何否認自然法之存在，可是人心的良知總是予以肯定。因爲就如聖保羅 (St. Paul) 所說的，自然法是銘刻在人的內心。」

⑤：The Natural Law, p. 154.

在本世紀的序幕，美國的法律思想呈現了一個諷刺。就大體而言，大多數法官都站在自然法和天賦人權的立場上，譴責一切的社會立法（諸如最高工時法、最低工資法和勞工賠償法），他們以為這些社會立法，違反神聖的「立約自由」和「無過失無責任」的不易定則。另一方面，同情於社會立法的法官，受正義直覺所驅使，強烈地反對這類判決，並且附帶地否認做為這類判決根據的自然法之存在。可是事實上，根據教皇良十三世（Leo XIII）和庇護十一世（Pius XI）的社會通諭，我們可以推論當時美國大多數法官的判決，反對多默士的自然法哲學；而贊同社會立法之法官的正義直覺，由於不受自然法錯誤觀念的束縛，反能暗合多默士自然法的精神。

事實上，正義的直覺無非就是良知（Synderesis），所謂良知就是領悟自然法第一原則的天賦官能。良知當然還需要良心和智慮的充實與合作，才能構成一個具體的判斷。關於這一點，筆者稍後將作詳細討論。在這裏，我們所要急於指出的是：多氏並不將自然法的一切原則，層次井然地排列成一個死板板的圖表。他是常把人類的心意，連結起來觀察自然法的。

2.推斷式的理性（Speculative Reason）和評價式的理性（Practical Reason）

要了解多氏的自然法哲學，我們必須先分辨推斷式的理性和評價式的理性之不同點。自然科學屬於推斷式的理性，而自然法是屬於評價式的理性。自然法在評價式理性中的地位，就相當於論證的第一原則在推斷式理性中的地位；因為二者均為不待證明而自明的不易原則。」❻正像「實有」是推斷式理性的第一義，「善」是評價式理性的第一義。因為評價式理性是指向行為的，而一切的行為者一定有他所認為善的目的，所以自然法的第一原則就是：「為善避惡」。一切其他自然法的誡命，都是以此原則為基礎。因此凡是我們良知所自然而然地認為善的或惡的，都是屬於自然法為善避惡的範圍。❼就第一個原則而言，評價式的理性所處的地位，並不亞於推斷式的理性，因為在二者的範圍內，我們可獲致相同的確定性。但就由普遍原則所演繹出來的結論而言，評價式的理性卻與推斷式的理性處於不同的情況。多氏用極清晰的辭句，指出這一不同點說：❽

> 「因為推斷式的理性，是從事於不得不如此之必然的事，所以它的結論，也具有與普遍原則同樣萬無一失的正確性。另一方面，評價式的理性則從事於非必然而具有偶然的事，因而，縱使它的普遍原則是必然的，可是當此原則演繹到愈來愈遠，直至微末細節的時候，其結論的正確性也就愈來愈薄弱了。」

根據多氏這一精闢的洞見，一方面我們便能了解，在司法判決上，希求像自然科學所獲致的

❻：St. Ia 2 ae 94.2 in corp.

❼：ibid.

❽：St. Ia 2 ae 94.4 in corp.

同樣確定性，是多麼的無益；另一方面，完全地否定自然法，又是如何的輕率！

3. 自然法的定義和內容

多氏對自然法所下的定義是：人類理性對於永恒法的參與。⑨但我們必須牢記，這種參與是有限制和有瑕疵的：「人類經由其理性，並不能對神之睿智的啓示完全參與，只能作局部而有瑕疵的參與。」⑩換言之，人類理性對於永恒法的參與，僅能理解某些普遍原則的知識，並不能理解每個案件之判決的知識，因爲我們可以穩當地推測，每個案件之判決的知識，只有全知全能的上帝，才能完全理解。

可是由於普遍性包含無限的等級，所以我們無法正確地分辨出自然法一切誡命的總數。雖然一切的誡命，都是自然法的第一原則——爲善避惡——的結論，可是當這些結論演繹得愈來愈遠，勢必逐漸地趨近並且侵入人定法的疆界；在實際上，自然法和人定法之間，並不可能有一條明顯劃一的界線。這就是爲什麼多氏在回答自然法是否能變化這一問題時說：自然法可以經由「加增的一途」而變化。「基於這一意義，沒有任何東西能防止自然法發生變化：因爲許多裨益人生的事物，每爲神事法和人定法所吸收，而成爲加增於自然法的原則。」⑪亦卽說，站在自然

⑨：St. Ia 2 ae 91.2 in corp.
⑩：ibid. 91.3 ad 1.
⑪：ibid. 94.5 in corp.

法一切誡命的立場看，自然法能夠作無窮盡的進化。像這樣的觀察，即使是某些多默士學說的研究者，也會表示驚訝！明顯地，由於多氏這一活潑生動的看法，使得他的自然法哲學那麼特殊地適合現代人的心理需要。筆者認爲，這一觀察是從多氏的各種前提觀念，推演而得的必然結論。自然法是人類理性對於永恒法的參與。事實上，因爲「人類理性在自然而然的逐漸地從比較不完善的進化到比較完善的程度」，⑫它對永恒法的參與，在歷史演進的過程中，其廣度和深度也一定會隨著演進。這就等於說，自然法能夠而且應該隨著人類文明的發展，在它的內容方面跟隨著演進。

我以爲把自然法的誡命區分爲次等的、三等的，以及諸如此類，是一項毫無實益的努力。關於善和惡的根本原則，上面已經提到過。一切其他的誡命，都是離開這一根本原則，較爲遙遠一點的結論。多氏以爲，一切在「舊約」中的道德誡命，雖然它們的確定性容有程度上的差別，然而它們都是屬於自然法的原則。⑬十誡之中，前四誡是屬於神定法的，其餘六誡則屬於自然法。這其餘的六誡便是：孝順父母，不可殺人，不可姦淫，不可偷盜，不可作僞證害人，不可貪戀他人的房屋，也不可貪戀他人的妻子、僕婢、牛驢和他一切所有的。這些道德誡命，乃是淵源於自然法最根本原則的最直接結論。孝敬父母是「爲善」的結論或具體化；而其他的五誡則是「避惡」

⑫：ibid. 91.1 in corp.
⑬：ibid. 100.1 in corp.

的具體化。所有這些誡命，單憑人的良知，就可以斷定它們是對的。⑭在舊約當中，除了十誡以外，尚有其他的誡命亦屬於自然法，可是它們的正當性，並非人類不假思索便可明白的，例如看見白髮的人，應該起來，以表示對老年人的尊敬，⑮諸如此類的誡命，都是包容在自然法第一原則的較遙遠結論中的。然而我們所著重的要點是：在每一事例中，其與第一原則接近的程度，是根據人性的正常反應來衡量的。

多氏以爲「爲善」根本原則的二個最直接結論便是：敬愛上帝和愛人如己。十誡中的一切誡命，又都是它們二個的具體結論。⑯

除了道德誡命外，多氏亦曾論及其他二種誡命，亦卽儀式的和司法的。儀式的誡命是自然法的權宜措施，規定崇拜上帝的種種儀式；而司法的誡命亦是自然法的權宜措施，規定人與人之間的關係。「權宜措施」不像「結論」，並非屬於自然法本身；它們屬於神事或人事的制定法。無疑地，規定信仰方式的儀式誡命，是屬於神事的制定法。至於司法的誡命，雖然大多數是自然法的「權宜措施」，然而我以爲，也有一小部分是屬於自然法的結論，因此也是屬於自然法範圍以內的。

⑭：ibid.
⑮：ibid.
⑯：ibid. 100 3ad 1.

4.「權宜措施」(Determination) 和「結論」(Conclusion) 之間的區別

多氏曾以一適切的例子，清楚地指出「結論」和「權宜措施」的區別：⑰

「爲惡者應受懲罰——這是自然法的一種結論。但是究竟爲惡者應如何處罰，這都是自然法的權宜措施。」

同樣地，「侵害他人者，應負賠償責任」，這是自然法的一種「結論」。然而究竟以什麼方式，才能使受侵害者取得公正的賠償，則是實證法所規定的權宜措施。例如，在舊約出埃及記中，我們找到這一條法律：「人若偷牛或羊，無論是宰了或賣了，他應該以五牛賠一牛，四羊賠一羊」。⑱雖然這一規定也有它的歷史上與心理上的理由，但是很顯然的，它不是屬於自然法的一部分。因爲它並非人的天賦理性所不待證明而立即明白的。另一方面，在舊約的同一章中，我們也找到如下的幾條誡命：不可以虧待寄居者，也不可以欺壓他，因爲你們在埃及地也作過寄居者。⑲不可傷害寡婦和孤兒。⑳不可殺害無辜和正直的人。㉑不可受賄賂，因爲賄賂能使明眼人變瞎，又

⑰：St la 2ae 95. 2 in corp.

⑱：舊約出埃及記，第二二章，第一節。

⑲：同右，第二二章，第二一節。

⑳：同右，第二二章，第二二節。

㉑：同右，第二三章，第七節。

能曲解正直者的話。㉒不論它們是被稱爲道德的或司法的誡命，都是自然法的結論，因爲就人的天賦理性之感應來說，它們的公正是立卽而明顯的。

至於各種「權宜措施」，雖然並非構成自然法的一部分，可是它們的適當功能卻可以充實自然法。關於這一點，我們可以在現代的返還法中找到適例。自然法要求：任何人因不當得利，致他人受損害時，應返還一切由他的不當行爲所取得的利益。爲了充實天賦理性所理解的這一自然法，美國的法官遂創設「法定信託」(constructive trust) 的「擬制 (fiction)」制度。正如卡多索大法官 (Justice Cardozo) 所說：㉓

「在這種情況下獲取財產時；也就是說，雖然持有人具有合法的名義，可是他所獲取的利益是違背良心的，因此，法院在這種情況下就把他視爲受託人。」

新近不久，狄斯蒙德法官 (Judge Desmond) 曾說：

「不論何時，蓋爲滿足正義之需求，便可創設『法定信託』。由於法定信託，只是一種透過衡平法的公正心，表露於外的形式，它的適用性，僅限於某些人設計出一些新方法，以便貪取不屬於他們自己所有之財物。」㉔

㉒：同前，第二三章，第八節。

㉓：225 N. Y. 380, 386.

㉔：229 N. Y. 27.

在這當中，實證法以它的後天理性（artificial reason）來滿足自然法的需求，正如一個很忠實的，和工作效率很高的女僕服侍其主人一樣。

此「法定信託」案件，也為「良知」、「良心」和「智慮與學術」三者功能及其相輔相成提供最佳說明。在這類案件中，吾人可由良知去理解自然法的原則。這裏的自然法原則就是：沒有人應該損害別人，獲得不正當的利益。如果他這樣做，就應該返還其利益於受害者。吾人由良心去認識各個具體案件中的不當得利者。最後，吾人由智慮與學術，設計或選擇如何滿足正義需求的完善方法。無疑地，在這類案件中，吾人於「法定信託」使加害者變為違背其意志的受託人——的智巧擬制過程中，極盡其能事。法學家三重素養的協同合作，其最佳的適例，是在衡平法庭方面得到最明確的表現，眾所周知這個衡平法庭是肇始於英國的大法官——他同時也是英國國王良心的守護者。無疑地，許多英國的大法官一定都精通於多氏的自然法哲學。

三、自然法的成效

1. 自然法的拘束性

自然法的拘束性，基於二種根本理由：(1)它是植根於事物的本質中，(2)究其終極，它不是人

設的，而是天造的。中國古代詩經中，有如下的一節詩句：㉕

「天生蒸民，有物有則；
民之秉彝，好是懿德。」

孔子和孟子二者，都非常讚賞包含在這節詩句中的洞見，並把它當作道德哲學的基礎。㉕一切的動物，只有人賦有道德律，並且運用天賦理性去體認道德所自有的「絕對正義」。無疑地，他深刻了解，這一天生的道德律，使人與較低級的動物有所區別；同時使人成爲天生高尙的表徵。遵從道德律的命令，就是忠於本性。如果一個人的所做所爲，未能忠於爲人的本性，他便會墮落到比禽獸還不如的地步；雖然禽獸缺乏理性和責任感，可是卻能始終本能地遵循牠們的本性，而不隕越。

康德（Immanuel Kant）說：㉖

「我以無限的敬畏感，沈思二件事；
光輝的天，和內心的道德律。」

㉕：詩經大雅烝民。
㉖：孟子，告子章句上，第八節。
㉗：Verse by Lord Hongton.

這不僅是一種起於大宇宙和小宇宙和諧感的宇宙觀。康德所體驗到的這一敬畏感，至少導源於對上帝——最高的法律創造者——有一曚矓的認識。只可惜康德這一觀察功虧一簣。當一個人強烈地領悟建立宇宙秩序的同一上帝，亦爲構造人性的內在秩序者，他就有一如同大維王（David）洞見整個宇宙閃爍著上帝的光輝一樣，日夜永不停留地傾聽上帝傳其微衷。㉘同時，上帝銘刻在人心中的法律，不僅是無上的命令，而且也是無窮盡的悅樂甘泉。這一高超的見解，縱然蔑視一切人類的語言和想像，可是它的一項眞正成效便是：人的慾性（desire）和意性（will），「始能被推動太陽或其他星球旋轉的上帝愛導入正軌，好像一個被人平穩地推動的輪子一樣。」

2. 自然法的制裁

只有一部分的自然法，具有人定法的外在制裁力。舉一簡單的例子說，人定法以民、刑事的制裁防止姦淫。然而耶穌卻說：「任何看見婦人而懷有邪念的人，他的心中早已觸犯姦淫罪了。」㉚雖然這個原則也是屬於自然法；然而人定法卻是處理耶穌所言這類案件不靈敏的工具，因此在這類案件發生時無從施以懲罰。難道這就意味著自然法本身不具備任何的制裁力嗎？如果

㉘：Ps. 18.24.

㉙：Dante, Paradise Canto XXXIII, 142.

㉚：新約，馬太福音，第五章，第二八節。

答案是肯定的話，自然法便是一種隨便任人輕視，毫無效力可言的法律。可是事實上，自然法是較人定法具有更大制裁力的。首先，善的本身就是一種報賞，惡的本身就是一種懲罰。直截了當的說，人能夠爲善，不會不感到快樂的，同樣，人若爲惡，不會不感到痛苦的。我們生來的目的，就是要澈底的自我實現，也就是要完全地忠於自己的本性。善促進這一目的的實現，而惡卻在破壞它。中國有一句諺語說：「爲善最樂」。我們也可以說，作惡就是地獄。這就是自然法對於一個人的內在制裁。其次，人類亦受無形因果律的制裁。有一分的耕耘，就有一分的收穫。「夫荆棘豈能產葡萄，蒺藜豈能產鳳果乎？是故嘉禾皆結嘉實，惡木皆惡果。」[31]在這裏，基督不再啓示新的道理，而是在重申自然法。因爲人民不必憑啓示，就可以了解如希臘人所說：「天上的磨轉得很慢，可是磨得很細。」在這方面，老子道出同樣的眞理：[32]

「天網恢恢，疏而不漏。」

最後，如果我們體識上帝是無上公正的，我們就應該相信，眞正的美德，特別是隱德，一定會得到善報；或者故意的和無悔意的過錯，也一定遭受懲罰。基督教慈悲的法律，並不廢棄這一「絕對正義」的根本法；相反地，它更完全地爲我們顯現這一「絕對正義」的本質；賦予我們一

[31]：同上，第七章，第十六—十七節。譯者援用吳經熊博士所譯新約全書第十九頁的譯文。

[32]：老子道德經，第七三章。

個新生的機會；呼喚我們悔悟；仰賴仁慈上帝的協助，賜予我們能力；依靠基督使我們成爲有所用的；玉成絕對正義，因爲在新的看法中，它是多麼的完善。基督的降生，非爲破壞自然法，而是爲了玉成它。㉝同時我們遵行自然法的職責已大爲增加。除非我們的正義觀念，凌駕乎儒教信徒、道教信徒、印度教信徒和佛教信徒之上，否則我們將不能進入天國。

四、自然法概念的辯護

1.良知和良心的證明

從上所述，我們可下一結論：自然法並非自外於人類，而是天生於其本性中。「爲善避惡」是它的根本原則，而其直接的結論（例如，誠誠實實的做人和務使人人各得其所應得二項，是「爲善」的直接結論；不得損害任何人則是「避惡」的直接結論）只是評價式理性的自明之理，是不待證明的。因此自然法並不是仰賴邏輯和經驗的推理建立起來的；我們以直覺認識它，這種直覺就是人所稱的良知，良知是我們認識自然法的天賦官能，而良心則是把良知所體認的自然法，適用到各別情況上的作用。比方說，如果我看見一無助的小孩——不管他是誰的——刻將墮

㉝：新約，馬太福音，第五章，第十七節。

入井中，我馬上會覺得，應卽刻將他抱開，以解救他的纖弱生命，乃是我的本分，這就是良心的作用。無論如何，如果我不馬上救他，任他掉入井中，我就會感到一種難以言表的後悔，這仍舊是良心的作用。良心在第一個情況發生時，對你下命令；而在第二種情況中，由於你沒有遵令行事，所以制裁你。

這一簡單的例子，是孟子用來證明他的洞見：每一個人均具有分辨何者爲善和何者爲惡的直覺，以及向善的本然傾向。前者被認爲相當於良知，後者則相當於良心。

2. 自然法呈現在人類文明的每一階段

既然自然法的根本原則是人性所固有的，那麼，如果沒有證據足以證明它的存在——尤其是在原始法中——豈不是駭人聽聞的一件事！例如，現代人認爲神判法完全是荒唐無稽。然而甚至在神判時，原始人民對正義的需求，卻如文明人一樣的強烈，卽使他們發現眞實的方法是落伍的。從中國「法」字的古寫「灋」字加以分析，就可知道原始人民可能在未有歷史記載以前，便以一種獨角靈獸來審理案件。這種靈獸大概屬於犀牛一類，原始人民認爲它具有辨識正和邪的能力。在審判的時候，把它放在繫爭二造中間。它對邪者卽觸之，對正者則不觸。卽使在這種案件中，其永恒不變的目的，仍舊是在發現正和邪，務使人人各得其所應得。總之，雖然審判的方法——多氏所稱之自然法的權宜措施，是基於隨著人類文明進展，不旋踵卽逝的民眾迷信，可是它的永恒不變的目的，仍是淵源於自然法。

然而無論文明的人類如何進化，他們絕不能脫離自然法。至少自然法在份量上，是隨著人類文明，以同樣的比例進化的。當人類的理性變爲更加通達，它就能設計出發現眞理和滿足自然法之嶄新而更具效用的方法。同時人類的感性 (human heart)，承受優秀技藝和學術進展的洗鍊，容易在敏銳地感受人道的新價值和新需要之中成長；並且能向立法者和司法者提供從自然法的第一原則所攝取而得的結論。許多新自然權利，曾經運用這種方式，在歷史演進的過程中顯現出來。這些新自然法權利雖然不是人定法所創設，卻爲人定法所確認。一個新近的例子，就是「隱私權 (right of privacy) 在公元一九〇五年，爲喬治亞州最高法院所確認；這是美國法學界，首度把它當爲「淵源於自然法的權利」。顯然法院對此有深刻認識，它透過寇伯 (Cobb) 法官宣布說：㉞「隱私權在人性上有它的基礎。它是由直覺所加以確認，憑藉良知就可以領悟到它的存在。」這就是多氏所說，自然法能經由加增的一途而進化這一原則的最適當例證。

3. 教義上的實證

自然法是與任何天啓無關的。它的第一原則爲一切民族所同具，並非屬於基督教徒的專利品。無疑地，信奉基督教的人，仰賴上帝的啓示，在發現自然法和自然權利方面，曾經獲得甚大

㉞：Pavesich V. New England Life Ins. Co, 122 Ga. 190.

的助益。傑姆士・甘德 (James Kent) 首席法官，在 Wightman v. Wightman ㉟ 一案中，很清楚地指出這一要點。甘德法官在宣判一瘋癲者的婚姻無效時說：

「根據自然法，這樣的婚姻是罪惡的和無效的，此乃人人已普遍承認的論點。同時，基於自然法我了解那些『造物主』賦予人類，做爲互助和樂羣之人行爲的適當規範；雖然那些行爲的適當規範經由天啓，可以更清楚地爲人所知，和更明確地爲人所發現與宣示，然而它們是從正確的推理所演繹出來的。」

這一眞知灼見，我認爲和基督敎會的敎義甚相脗合。

雖然基督敎會有原罪的獨斷主張，可是敎會仍舊應該不斷地「肯定什麼是人類永久的價值和與其天性相切合的價值」，這才眞正是敎會寬大爲懷的本色。庇護十二世在近代的敎皇中，是一位最偉大的法學家，他對自然法的闡揚，孜孜不倦，至爲用力。在他一九四九年對人道主義研究的國際會議會員 (Members of the International Convention of Humanistic Studies) 所作的演講中說：

「敎會並不承認，在上帝的眼光中，人僅是腐敗和罪惡。相反地，在敎會心目中，原罪

㉟：Chancery Court of New York, 1820. 4 Johnson Ch. 343.

並不影響人類的良知良能，人類仍舊保存其智慧和自由的天生靈光。稟賦這一本性的人，無疑是被原罪所影響，而使他失去了神妙和不可思議的稟性。人類必須盡力遵行自然法——本著仁慈基督的有力協助——才能夠生活得像上帝一樣榮幸，同人性一樣的尊嚴。」

從人性本質上是高尚的一點出發，教皇繼續說：

「自然法——這就是教會社會學說的基礎之所在。明顯地，她（教會）的基督的世界觀，曾促使教會在這一基礎上，建立她的社會學說。在她盡力去贏得和辯護本身的自由時，在實際上，她所抱持的目的在為人類獲得眞正的自由和基本人權。在她的心目中，這些基本的權利是多麼的神聖不可侵犯，她不容許任何假藉國家政策和公共福利來破壞它們……，不能損害這些權利，因為它們是構成公共利益最珍貴的核心。」

庇護十二世發現現代的不諧和與混亂的主要原因，就在於惡意的遺棄自然法。在他的第一次通諭中，他說：

「我們可以揀出一個主要的謬誤，那就是活水源頭被深深地埋藏著，現代國家的弊病就是從這一謬誤的基礎，攝取泉源。除了私人生活和國家的公共生活外，民族與民族間，國家與國家間的相互關係，一個道德的普遍標準被棄置不顧；那個標準，我們的意思是指此刻正遭受大量破壞的批評，和大受藐視並被埋藏起來的自然法而言。」

這一形勢已經成爲可能，至少是在極權國家的具有毒性的學說已大爲猖獗，所以這種國家，事實上已篡奪了上帝的地位。當自然法的「創造者」被棄置不顧的時候，就無法保留自然法存在的餘地，這個自然法，正如庇護十二世所堅決主張的，「是建立在上帝觀念的基礎之上的。祂才是萬能的造物主，人類的天父，最高至善的立法者，明智公正、賞善罰惡的主宰。」

△參考書目

Brown, B. F., *Natural Law Reader*. 1959.

Chinese Classics in various translations.

Cicognani, A.G., *Canon Law*, 2d ed. 1949.

D'Entreves, A. P., *Natural Law: An Introduction to Legal Philosophy*. 1951.

Messner, J., Social Ethics: *Natural Law in the Modern World*. 1949.

Natural Law Institute Proceedings. Five Volumes from 1947-1951.

Rommen, H., *The Natural Law: A Study in Legal and Social History*, 1947.

Rooney, M. T., *Lawlessness, Law, and Sanction* 1937.

St. Thomas Aquinas, *Summa Theologica*, especially Treatise on Law.

Stanlis. P. J., *Edmund Burke and the Natural Law*. 1958.

Wild, J., *Plato's Modern Enemies and the Theory of Natural Law.* 1953.
Wu, J., *Fountain of Justice.* 1955.

聖詠的欣賞

導言

關於　蔣公指導譯經的經過，和他在文字上無數的修正，我將另作專題報告。在這裏，我祇須舉一個簡單的例子，以見　蔣公如何苦心修正之一斑。就拿下列一首作爲例子吧：

第二十三首　良牧

主乃我之牧，所需百無憂。令我草上憩，引我澤畔游。
吾魂得復蘇，仁育一何周。更爲聖名故，率我正道由。
雖經陰谷裏，主在我何愁。爾策與爾杖，實令我心休。

讌我羣敵前，感爾恩施優。靈膏長沐首，玉爵盈欲流。
慈惠共聖澤，長與我爲儔。行藏勿離主，此外更何求。

（見　蔣公手訂，吳經熊譯「聖詠譯義初稿」，民國三十五年上海商務印書館初版，現有臺版）

即就這一首小詩而言，也是經過　蔣公的細心斟酌後，才始定爲初稿的。有好幾處地方，是承

蔣公指示而由我修正的，但其中有兩句是　總統親自修正的，那就是：

雖經陰谷裏，主在我何愁。

這兩句，原作「雖經幽谷裏，主在亦何愁」。　蔣公將「幽」字改爲「陰」字，又將「亦」字改爲「我」字。

這兩句，在英文譯本裏是作：

yea, though I walk through the valley of shadow of death, I fear no evil: for Thou are with me

在我國基督教的國語聖經裏，譯作：

> 我雖然行過死蔭的幽谷，
> 也不怕遭害，因爲你與我同在。

最近我閱讀張振玉先生所著的「譯學概論」，看到有段批評說：

> 按 the valley of the shadow of death 係指一陰森黑暗之地，而上列譯文用一「蔭」字，用一「幽」字，亦嫌欠妥。蓋「蔭」者，樹陰也，並不作「陰森」，「陰暗」解。「幽」雖有「幽冥」一解，但指山谷時，則有「深幽」，「幽靜」之意，如「曲徑通幽處，禪房花木深」是也。故此二字用於上引句中，不待誦讀，觸目卽感衝突不諧。吳經熊氏於「聖詠譯義初稿」中改譯如下：
>
> 雖經陰谷裏，主在我何愁。
>
> 如此譯法，甚爲妥貼。（張振玉「譯學概論」四四〇至四四一頁）

當我看到張先生這節評語時，心裏覺得又喜又愧：喜，是因爲張先生的高見，實在令我心折；愧，是因爲我當初也是用「幽」字的。假如　蔣公當時沒有將「幽」字改爲「陰」字的話，那一定會受到識者的指摘了！

自從「聖詠譯義初稿」出版以來，不知道得到了讀者多少好評和讚賞。這完全是由於　蔣公的督導、修正和勉勵。一首如此，一百五十首，莫不如此。「聖詠」如此，「新聖全集」亦復如此。因此，我對　蔣公感佩之情是終身難忘，不是三言兩語所能表達的。

蔣公平生雖然很少作詩，但他對於詩學，卻有深厚的素養。他在少年時代，就有「一望山多竹，能生夏生寒」的名句。（見毛思誠所編「民國十五年以前之蔣介石先生」第二編四頁）後來在日本留學時，也曾作七絕一首說：

騰騰殺氣滿全球，力不如人肯且休。
光我神州完我責，東來志豈在封侯。（同上，第三編十三頁）

其實，　蔣公所作的五箴，都是上乘的四言詩（　蔣公集第二册二六二一頁）。還有爲夫人題畫的詩，更充溢着詩情畫意，如：

風雨重陽後，同舟共濟時。
青松開霽色，龍馬動雲旗。
雲寫松態，風寫松濤。春瞻松色，山羡松高。
青松自若，天意爲勞。（　蔣公集第二册二六二三頁）

進一步說，　蔣公雖然很少作詩，可是他本身的經歷就像一篇充滿了憂愁和快樂，挫折和新希望的長詩。在　蔣公生活領域和思想境界上，有不少的體驗是和聖詠中所表現的眞理與情緒是一致的。聖詠被稱爲「聖經的縮影」。當然　蔣公是愛讀全部聖經的，但他卻特別欣賞聖詠，因爲聖詠是世界上最偉大的詩集，能以扣人心弦的詩句，把上主無限的眞、善、美烘托了出來。而且，聖詠是富於人情意味的，作者都能以至誠无妄的赤心，就各種不同的情境，向上主坦白申訴，而每一情境都在　蔣公的心靈深處產生了共鳴。本章所引的詩句，都是由　蔣公在譯稿上用紅綠鉛筆圈點出來的，而且譯文多是經他親手修正的。我們希望通過這些詩句，能窺見　蔣公精神生活之一斑。

一、安詳寧靜

首先，　蔣公最喜愛聖詠中那些洋溢着順天樂道、安詳寧靜的芬芳的詩句，例如：

衆庶喁喁望，何日見時康。吾心惟仰主，願見主容光。主已將天樂，貯我腔子裏。
人情樂豐年，有酒多且旨。豐年誠足樂，美酒豈無味。未若我心中，一團歡愉意。
心曠神亦怡，登榻卽成寐。問君何能爾，恃主而已矣。（第四首）

寤寐思服，主恩罔極。雖在重圍，何所用懾。（第三首）

吾魂且默默，靜候主恩撫。既有天主作金湯，中君泰然復何怖。（第六十二首）

我心如小鳥，毛羽未全豐。不作高飛想，依依幽谷中。

我心如赤子，乳臭未曾乾。慈母懷中睡，安恬凝一團。（第百三十一首）

第二十三首，我在上節已引徵過了，可稱寧靜安怡的結晶。又如第一首也屬於同一作風：

長樂惟君子，爲善百祥集。莫偕無道行，恥與羣小立。避彼輕慢徒，不屑與同席。

優游聖道中，涵泳徹朝夕。譬如溪畔樹，及時結嘉實。歲寒葉不枯，條鬯靡有極。

惡人徒狡黠，飄飄如穅屑。悠悠逐風轉，何處是歸結。惡貫旣滿盈，天人共棄絕。

我主識善人，無道終滅裂。

二、慍於羣小

聖詠作者（尤其是大衞王），往往遭遇了「憂心悄悄，慍於羣小」的逆境。自己雖然一味的善意待人，一心愛慕上主，愛護民族，卻還是免不了遭受敵人惡意的破壞和無端的攻擊，甚至昔日友人的反叛。於是詩人不由得向上主傾吐其悲哀憤慨的衷腸，並且懇求上主主持公道。

蔣公一生的遭遇，也多少與此相彷彿。因此，他對這一類的詩句，格外同情，例如：

敵人何狡猾，出言無誠實。邪惡塞肺腑，心毒口則蜜。咽喉如荒墳，下埋朽腐骨。（第五首）

羣小紛紛起，誣白以爲黑。無風興波瀾，以怨報我德。被誣將誰訴，中心痛欲絕。
曩者彼有患，吾心爲惻惻。衣麻且齋戒，求主脫其厄。所求出至誠，對主披心腹。
待之如良友，愛之如骨肉。直如居母喪，心魂慘不樂。一朝我罹難，欣然相慶祝。
落井更投石，心中懷叵測。相迫日以甚，欲將我撕裂。切齒爲何因，醉酒且飽德。……
所議非和平，所懷惟詭譎。域中良善人，不得享安逸。……奸情實昭著，吾主寧不察。
祈主毋遐棄，一伸吾之直。發揚爾正義，無令終受屈。（第三十五首）

羣聚議詭計，終日出惡聲。裝啞不之答，作聾不之聽。如啞又如聾，委曲求和平。
除主復何怙，有感豈無應。（三十八首）

懇切求天主，傾耳聽我禱。憐此耿耿懷，音容莫冥渺。起坐不能平，憂心自悄悄。
被逼於仇讎，見慍於羣小。蒙我以惡名，狺狺何時了。恐怖欲喪魄，中心惄如擣。
安得生羽翼，飄如雲外鴿。欲適彼曠野，永與塵世隔。（第五十五首）

惡黨充街衢，行爲暴且譎。就中有一人，初非我仇敵。竟亦懷貳心，無所不用極。

仇人尚可忍，敵人尚可避。今爾非異人，夙與我親比。彼此稱莫逆，相與共密議。攜手入聖所，向主表心志。……豈能改吾度，一心惟恃主。呻吟徹晝夜，呼籲無朝暮。主必聞吾音，主必來相助。（同上）

三、悔過自新

大家都知道，蔣公對於「自反」與「檢討」的工夫，是極端重視的。他曾說：「自反」工夫，亦就是大徹大悟的起點。（秦編　蔣公嘉言錄第一輯四三頁）又說：

檢點（反省）的工夫，最是進德修業吃緊的一着。因爲一日不檢點，便將悠悠忽忽的過了一日，一生不檢點，便將悠悠忽忽的過了一生。假如一日檢點，竟無一非過，便將蒙頭蓋臉，媿汗欲死；次日檢點，還是過多德鮮，仍復深自媿責。如此日日檢點，必將漸見德勝於過，馴至德盛而過寡，遂不覺手之舞之，足之蹈之。常人之所以人格日墮、品格愈下者，就是不知檢點，坐不見自己過惡耳。（同上第一輯四三頁）

聖詠裏也有不少對上主悔罪，立志自新的詩句，爲　蔣公特別欣賞，例如：

誰能悟其愆，惟主濯其疵。但願遠罪戾，庶免染塵緇。或可無大過，心口莫睽違。我是遊蕩子，願父贖我歸。永不離膝下，朝暮相追隨。（第十九首）

我自窮幽，籲主不休。主其傾耳，俯聽我求。天下之人，誰無罪尤，主若深究，孰能無憂。惟主寬仁，不絕自新。悠悠人世，可不尊親。我心遑遑，惟主是望。望主一言，慰我愁腸。長夜漫漫，惟主是盼，盼主不至，坐以待旦。（第百三十首）

燔牲祭獻，非主所珍。主之所悅，痛悔之忱。（第五十一首）

主實明察，所悅惟誠。祈將慧光，照我五陰。灑以靈莧，滌雪吾魂。載洗載濯，玉潔冰清。錫我天樂，枯骨回春。莫視我罪，銷我邪淫。爲我再造，純白之心。正氣內蘊，煥然一新。慈顏常照，聖神恒存。救恩不匱，怡怡欣欣。使我立志，樂道津津。（同上）

四、處變不驚

蔣公處變不驚的精神，一方面是由於哲學素養，而另一方面更得力於宗教的信仰。他曾說：

我在西安被刼持的時候，讀了下面的幾句話：「上帝是我們的避難所，是我們的力量，是我們的患難隨時的扶助者，……所以我們無所恐懼。」我從此更深信上帝已給了我們信仰真理的力量。我平生雖經過無數的患難和危險，但是結果終能獲得自由與勝利。（三十三年耶穌聖誕節告全國教會書）

蔣公在這裏所引的聖經是屬於「詩篇」第四十六首的。後來在聖詠譯義中，則譯爲：

主爲吾人所依恃，大難臨頭可托庇。縱使地崩山墜海，洪濤洶湧衆嶽駭，神助在咫尺，方寸無震惕。（聖詠第四十六首）

聖詠中凡有足以堅定我們的信心和鼓勵我們的勇氣的詩句，多蒙　蔣公親筆圈點出來，例如：

迷惑邪妄者，爲我所深惡。真神豈有他，我惟爾是怙。爾知我艱辛，爾識我心苦。雖苦亦自甘，悅懌爾仁恕。

昔曾承主恩，綽綽有餘裕。何曾將吾身，委爲敵人俎。今日復罹難，求主申舊恩。鬱悒腸欲斷，憂苦目已昏。愁煎生意枯，悲嘆歲月新。精力日以衰，罪多氣消沉。……所聞惟讒謗，恐怖塞塵氛。……伶仃惟仰主，惟主是吾神。禍福托主手，脫我於仇人。願爾開慈顏，照護爾微臣。……

偉哉造物主，待我恩何深。捍衛無不至，置我於堅城。情急方寸亂，遽出怨主聲。
主實未棄我，心期蒙玉成。告爾諸虔信，愛主務加勤。忠貞承拔擢，驕暴被嚴懲。
願凡恃主者，養勇壯其心。（第三十一首）
列國與兆民，千算亦何益。
何如主一算，萬古永不易。
奉主之國必發達，承恩之民安且逸。（第三十三首）
君子固多難，恃主終致祥。（第三十四首）
消爾不平意，怒乃惡之媒。羣小豈能久，敬主長恢恢。瞬息彼將逝，欲尋無踪跡。
善人承大地，心廣體亦適。
彼佩弓與刀，欲殺賢與良。刀必自刺心，箭必自穿腸。
莫羨彼羣小，莫妒作惡人。蔓草終被芟，蕭艾豈常青。
惡人覷賢者，心中懷叵測。主必保無辜，玉鑑照黑白。（第三十七首）

五、愛國情深

以色列人是非常愛自己的國家和自己的民族。他們飽受了鄰國的欺凌和摧殘。他們曾在埃及作奴，後來又被巴比倫人所俘虜。當他們羈旅外邦的時候，懷念祖國與故鄉的心情，可想而知。因此，聖詠中有不少發乎至誠的愛國詩歌，　蔣公寄予了無限的同情，例如：

嗟我義塞族，自幼多顛沛。外患實頻仍，所幸未崩潰。敵人何猖狂，扶犂耕我背。犂溝深且長，凌虐亦云備。公正惟天主，強項應手碎。（一百二十九首）

日暮景翳翳，吾生復幾時。主若不反顧，將隨秋草萎。吾主坐天闕，萬古永不移。神威日日在，榮名世世垂。吾主必興起，憐我西溫卑。西溫卑已極，蒙寵宜今茲。爾僕憐西溫，恩愛無與比。既珍西溫石，亦憐西溫泥。主建西溫後，風光應無涯。萬民必賓服，百王來覲儀。（一百〇二首）

願爾萬族。讚主仁育。既保吾魂，亦扶吾足。賜我鍛鍊，如銀在鑪。加我困厄，勞我形軀。令彼敵人，虐我如奴。水深火熱，不遑寧居。試鍊既畢，惠以安舒。可不獻祭，用表區區。（六十六首）

愛國詩中，　蔣公最欣賞的是第一百三十七首：

憶昔淹留巴比倫，河濱默坐泣西溫。白楊枝上掛靈瑟，遙寄鄉思到帝村。敵人戲弄恣歡謔，勸我謳歌一笑呵。身作俘囚淪異域，誰能含淚唱鄉歌。

一心惟戀瑟琳城，雖落他邦未失貞。倘使鳴彈媚仇敵，手應絕藝舌吞聲。
猶憶瑟琳遭難日，夷東蠻子競相呼。摧殘聖邑方爲快，祈主毋忘作孽徒。
巴比倫人恣刼奪，可憐稚子亦遭殃。誰能一雪斯奇恥，聖澤潤身萬古芳。

六、天人交歡

聖詠第八十五首的意境，是和我們的易經裏天地交泰的哲學非常相似，可以互相發明。歷來經學家都認爲這首詩是全集中名詩之一。我們的譯義是這樣的：

感雅璋之眷聖地兮，領回雅谷之衆俘。宥我之罪兮，除我之辜。慶天威之新霽兮，祈轉否而爲泰。豈仁主之怒吾族兮，亙百世而不改。其卽復蘇爾民兮，俾融融於爾之懷中。沐浴芳澤兮，酣暢春風。

諦聽聖言兮，其馨若蘭。主願與子民言歸於好兮，苟若輩不再陷於冥頑。但能小心翼翼以事主兮，應證救恩之實邇。行見光榮之重臨兮，盤桓乎吾地。仁慈與妙諦交歡，正義與和平吻合。妙諦自地而萌兮，正義由天而發。夫唯雅璋之降甘霖兮，吾土乃騰茂實。以仁爲居，以義爲路。康莊大道，衆庶所步。

這篇譯義，是經 蔣公幾次三番的指點後，才始定稿的。而且最後四句乃是 蔣公親筆翻譯的。桑安柱博士在他所著的「詩篇寶庫」裏，對於這篇詩，作了一段意義深長的按語說：

神人交歡，天地融洽，慈愛誠實彼此携手，正義和平彼此吻合，神的慈愛公義與人的謙卑真誠，彼此相遇；真誠從地而生，公義從天而降，兩者湊合起來，就構成理想的社會，這樣國泰民安，地上五穀豐登，人民生活富庶，正所謂「以仁爲居，以義爲路，康莊大道，衆庶所步」矣。總之，詩人看見了人間天國的一幅圖畫，他好像走在一條康莊大道上，「公義要行在面前，叫他的腳蹤，成爲可走的路」，他覺得前途顯出無限光明，心情覺得非常輕鬆，他將未見異像以前的愁雲慘霧，都一掃而空了。祈禱真能改變人的心境。由灰心失望竟能轉爲得勝愉快。（「詩篇寶庫」四五六頁）

我讀到桑先生這節按語時，心裏覺得非常興奮，因爲他是研究「詩篇」（卽聖詠）的專家，而他的解釋，恰和我們的所見相合，而且他所特別引出的四句，正是 蔣公的手筆。

所謂人間天國，與我們的大同理想適相符合。 國父孫先生曾說：

人類進化之目的爲何？卽孔子所謂「大道之行也，天下爲公。」耶穌所謂「爾旨承行，在地若天。」此人類所希望，化現代之痛苦世界，而爲極樂之天堂者是也。（孫文學說

第四章）

蔣公也同樣以大同世界爲人類社會的終極目的。所謂「小康」，也不過是大同世界的初步而已。就如他說：

所以小康社會如不向大同世界再進一步，就是小康也是保不住的。（ 蔣公嘉言錄第二輯四七頁）

蔣公又說：

耶穌基督受苦受難，救人救世，實行其博愛主義以外，祂平生還有一個最大的希望，就是「天國的實現」。祂說：「願上帝旨意行在地上，如同行在天上。」就是要使世界人類，永無凍餓，永無奴役，永無欺凌，永無強權侵略之患。（民國四十四年耶穌受難節證道詞）

這才是 蔣公在政治上的最高理想。在聖詠中凡是與這個理想有關的文字，多由 蔣公特別圈出，例如下列詩句：

拯難濟苦，生靈優游。無絕不繼，無勞不休。抑強扶弱，釋彼寃囚。（第七十二首）

屈者必見伸，飢者必得食，瞽目藉復明，幽囚蒙開釋，高舉謙卑人，溫存遠行客。矜恤孤與寡，傾覆諸悖逆。（第一百四十六首）

溫煦傷心人，賡續已斷腸。（第一百四十七首）

仰賴所天，終日乾乾。永懷大道，神形兼全。行經悲谷，化爲甘泉。及時之雨，膏澤是宣。愈行愈健，彌勞彌堅。（第八十四首）

七、愼獨工夫

蔣公的精神修養，大家都知道，是基於愼獨工夫。愼獨的道理，是導源於中庸裏的一段文字：

道也者，不可須臾離也。可離非道也。是故君子戒愼乎其所不睹，恐懼乎其所不聞。莫見乎隱，莫顯乎微，故君子愼其獨也。

蔣公對此曾下一個極爲圓融透徹的按語說：

「戒愼乎其所不睹，恐懼乎其所不聞。」這是朱子所謂「存養省察之要」的「省察」工夫。實質上此「戒愼恐懼」，是對人心惟危而言，「不睹不聞」是指天命而言，因爲人心乃出於形氣之私，易爲物欲所動，私心所蔽，甚至戕物圮類，骨肉相殘，到了無所不爲的危險時候。是故學者必須戒愼恐懼，常存天理之本然，而使之不離須臾。古之所謂「上帝臨汝，毋貳爾心」是也。（「科學的學庸」，見 蔣公集第一册一〇四頁）

可見 蔣公把愼獨工夫和上帝的無所不在與無所不知聯成一氣：我認爲這是 蔣公獨到之處。

關於上帝的無所不在與無所不知，聖詠第一百三十九首說得最爲淋漓盡致，極爲 蔣公所欣賞。我們的譯義是這樣的：

明哉我主，燭幽洞微。諳我起居，鑒我秘思。行藏出處，明察無遺。心聲未發，
爾已先知。
瞻之在前，忽焉在後。聖手所指，不離左右。爾之全知，超絕萬有。不可思議，
矧可詰究。
神彌六合，無所不包。聖顏普照，何所用逃。曰躍於天，爾在雲表。曰潛於淵，
爾伏於沼。
日出之鄉，遼海之濱。聖臂所及，猶若比鄰。莫謂暗室，靈鑒無形。莫謂暮夜，

神聽無聲。

我之有生，亦云奇矣。爾之大能，無與比矣。臟腑森然，爾實型之。胚胎母腹，
爾實甄之。魂魄潛結，爾實成之。

吾未成形，爾已洞察。未見天日，先註歲月。爾之蘊奧，神妙莫測。爾之微旨，
不可勝述。假曰數之，多於沙粒。寤寐思之，恍然自失。

惟願我主，殲彼不肖。惟願我主，除彼凶暴。彼何人斯，誣蔑大誥。自絕於主，
孰敢愛好，與主爲敵，斯讐必報，不共戴天，疾彼無道！

惟願我主，鍛鍊我心。去我邪妄，指我迷津，俾遵大路，直達永生。

我在這裏，必須聲明一下。這裏所用的「爾」字，在我們的原稿中，都用「主」字。我現在把「主」字改爲「爾」字，是因爲原文本係「爾」字，而且這樣才能把詩人對天父所懷的親切愛慕之情，更加充分地表達了出來。桑安柱先生說得好：「這一篇與其說是敍述神學的概念，不如說它是一篇實驗神學的報告。他（詩人）在全篇用『祢』字三十四次，用『我』字四十七次。這是一篇『祢我』之間的靈交經驗。」（詩篇寶庫，六七一頁）桑先生又說：「自古迄今，許多著名的學者，無不認本篇爲詩篇中最富麗的一篇。有人稱它爲『詩篇中無可比擬的一篇』。」（仝書仝頁）這次我未經獲得　蔣公的印可，就大膽的把「主」字改爲「爾」字，我想　蔣公一定會原

諒而且同意的。

向來，我們中國人，對於天或上帝，是畏懼的成分多於愛慕的成分。據我所知，最接近愛慕境界的，還是孔子的「知我者惟天乎」；「天生德於予，桓魋其如予何」；「天之未喪斯文也，匡人其如予何」；「故仁人之事親也如事天，事天如事親」。所可惜的，是後世多數儒者，似乎離開天父，越來越遠了。這也可說是中華文化史上之一大遺憾。

值得注意的，是總統　蔣公能把人生哲學與宗教信仰，在自己的切身體驗中融爲一爐，因此他對天父，不僅有知與畏的成分，而且更有愛慕好樂的成分。在這裏讓我引錄　蔣公所著的自勉四箴，作爲本節的結論。

一、養天自樂箴：澹泊冲漠，本然自得。浩浩淵淵，鳶飛魚躍。優游涵泳，活活潑潑。
勿助勿忘，時時體察。

二、畏天自修箴：不睹不聞，愼獨誠意。戰戰兢兢，莫見莫顯。研幾窮理，體仁集義。
自反守約，克己復禮。

三、法天自強箴：中和位育，乾陽坤陰。無聲無臭，主宰虛靈。天地合德，日月合明。
主敬立極，大中至正。

四、事天自安箴：存心養性，寓理帥氣。盡性知命，物我一體。不憂不懼，樂道順天。

至誠不息，於穆不已。（蔣公集第一册一〇九頁）

八、悅樂精神

憑着哲學上和宗教上的雙重修養，蔣公的內心裏自然充滿了活潑的悅樂精神。

在　蔣公看來，哲學是「快樂學問」。他說：

研究哲學，亦就是要求其心之安樂，使我所做的事，都能心安理得，而毫無疑懼不寧的地方。孟子所謂「萬物皆備於我矣，反身而誠，樂莫大焉。」這反身而誠的快樂學問，亦只有在研究哲學中才能得到的。（革命教育的基礎）

致良知如何可樂呢？因爲致良知的第一義卽是求其心之所安，心旣安了，不愧不怍，無憂無懼，如何不樂？（同上）

致知的哲學，乃是一種求安求樂的學問，只要使內心明白與安樂，那還有什麼疑難的事不能解決？還有什麼天大的事不敢擔當？（同上）

但是，我們若只是自已達到了內心快樂，而不能幫助人家也得到快樂，那我們的快樂還是不能圓滿。所以　蔣公又說：

惟有助人，才可以得到最偉大最高尚的真樂！（國民精神建設之要旨）

助人不但可以使自己心安理得，天君泰然，精神上得到莫大的快樂；而且我們愈能夠幫助人，就愈能得到人家的幫助，愈容易成功我們的種種事業，實現我們的一切理想。（同上）

這些話，顯然是在人生體驗中，從心底裏流湧出來的。眞正的快樂，不是用直接追求的方法可以獲得的，它是成己、成人、成物過程中的副產品。這是孔子與歷來大儒的心傳，也是 蔣公從小所吸收的。自從他信奉了耶穌以來，他的內心生活更形堅定，更形蓬勃，而同時他的內心悅樂，也因信望愛三德的成長，而接觸了一切快樂的活泉——上帝。因此，他的悅樂精神，乃成爲有源之水，盈科而進，滾滾不絕。 蔣公相信，我們如果接受耶穌的救贖而得到新生命，我們的內心就會「得到聖靈的充實，而不再做罪惡與死亡的奴隸，亦不再爲渺茫與恐怖的魔力所威脅，而受束縛，而其整個生活亦得到了完全的自由」。（四十七年耶穌受難節證道詞）因此，他能至誠无妄地說：「我信我道，不憂不懼。」（四十一年耶穌受難節證道詞）又說：「信徒應當一無罣慮，你在基督裏，必賜你出人意外的平安。」（日記——見經國先生所著「負重致遠」第三頁） 蔣公認爲：「成功的要訣，不只是信仰，也在乎忍耐。」（四十五年耶穌受難節證道詞）他接着說：

凡是能忍耐的，無論其在緊急危難的經歷裏，在波濤翻騰的環境裏，地雖崩墮，山雖搖動的時候，亦爲信祂——上帝——而歡喜。（同上）

這就是聖保羅所說「吾人雖處患難，心中恆有至樂」的境界（致羅馬人書第五章三節）。蔣公既有如此境界，所以對於聖詠譯義中所有洋溢着悅樂精神的詩句，也不期然而然的有了同氣相求、同聲相應的感覺，而多數用紅藍鉛筆圈點了出來，以誌心契，例如下列諸節：

主之慈愛沖諸天，主之信義薄雲間。主之正直峻於嶽，主之睿斷深於淵。人畜草木盡覆載，好生之德洵無邊。世人咸庇卵翼下，安居大宅飫肥鮮。主復飲以靈川水，在主身邊有活泉。吾人沐浴光明裏，眼見光明心怡然。（聖詠第三十六首）

聖怒一時，慈恩永世。長夜悲泣，拂曉乃喜。（第三十首）

盍發爾之真光與妙諦兮，俾有所依。引予至爾之靈丘兮，接予入爾之幔帷。使盤桓於聖壇兮，養吾心之怡怡。將撫琴以歌詠兮，樂陽春之熙熙。（第四十三首）

既有主爲岑樓兮，亦何恤乎煢獨。蓋有恃而無恐兮，聊詠歌以爲樂。（第五十九首）

在天惟有主，在地無他樂。身心雖枯竭，靈魂永有託。（第七十三首）

麻木焉得仁，冥頑何時靈。孰云作耳者，自身反不聞。孰云造目者，自身轉無明。

孰云化育主，無權施鞭撻。孰云甄陶主，
莫具超人哲。固知人千算，心勞徒日拙。
受主諄諄誨，斯爲無上福。……愁思千萬縷，
思主是一樂。（第九十四首）

聖心眷下土，沛然降甘雨。大地恣沾濡，
原壤潤以腴。清川溉田疇，百穀何與與。
犂溝悉以盈，欲與犂脊平。時雨信如膏，
潤物細無聲。
春沐主之澤，秋食主之祿。聖蹤之所過，
步步留肥沃。曠野被綠茵，山丘披青衿。
寒谷生豐黍，農圃戲牛羊。天籟宣淑氣，
萬類吐芬芳。（第六十五首）

此外，還有第六十三與八十四兩首，是戀慕上主聖殿之詩，歷來經學家一致認爲這兩首詩的文學價值非常的高。我們的譯義，雖然不能與原文相比擬，不過蒙　蔣公特別圈出的詩句，卻也不少。好在它們的篇幅並不太長，所以，我要將它們全篇錄出，以供讀者品嘗：

第六十三首　明發不寐

明發不能寐，耿耿懷所天。如饑又如渴，
心田枯以乾。因此來聖所，瞻仰爾光輝。
懷德勝懷生，絃歌慰庭闈。一息苟尚存，
誦主誓不輟。景慕不可言，擧手抒胸臆。
心魂旣飫足，頌聲發歌脣。輾轉於牀榻，
默憶歷深更。一生承主休，雍雍庇卵翼。
夢魂縈左右，聖手扶我立。咄咄逼我者，
終究必淪滅。刀兵當不免，體爲豺狼食。
王宜因主樂，聖民胥怡悅。巧言徒如簧，
讒人當截舌。

第八十四首　眷戀庭闈

萬有主宰，爾宮可愛。夢魂依依，庭闈藹藹。心歌腹詠，生靈淵海。
啁啁之雀，樂主之廬。燕亦來巢，言哺其雛。優哉游哉，雅瑋之徒。聖門之內，可以安居。絃歌不絕，和樂且舒。
仰賴所天，終日乾乾。永懷大道，神形兼全。行經悲谷，化爲甘泉。及時之雨，
膏澤是宣。愈行愈健，彌勞彌堅。竟抵西溫，直達主前。
向主投誠，祈主俯聽，庇主之蔭，祈主垂青。在斯一日，勝似千春。寧在主宅，
作一閽人。莫爲惡逆，入幕之賓。以熙春陽，以潤吾身。寵惠備至，百祿是膺。
大主何私，忠貞是親。一心恃主，樂哉斯人。

不過，蔣公主張信仰宗教，不僅是爲求自己的幸福，也是爲求別人的幸福，所以他對於聖詠第三十四首裏所說教導青年的話，也極端重視：

懷主斯常樂，睟面盎於背。終身不承羞，
俯仰無怍愧。卽如此區區，備嘗主之惠。
……願我衆兄弟，一嘗主之味。其味實無窮
親嘗始知美。
敬主邀天休，所需百無缺。壯獅有時饑，
忠徒莫不適。願將敬主道，諄諄誨子姪。
授爾立身法，傳爾壽康訣。謹守爾之舌，

莠言愼毋說。謹守爾之脣，詭詐愼毋出。
棄惡勉行善，和睦最可悅。主目所樂視，
賢者之行實。主耳所樂聽，賢者之陳述。

聖詠之中，像這種規箴式的詩篇並不多見。本來，此類之詩，在文藝上極難討好。但是 蔣公之欣賞聖詠，目的並不是專爲審美，而主要的是爲證道和勸善。因此， 蔣公對第十五首（忠厚廉潔）的翻譯，特別仔細，煞費苦心，值得全篇引錄一下：

誰堪留聖所，誰堪居靈山。其惟行善者，
心口無欺謾。旣無讒人舌，又無惡心肝。
處世惟忠厚，克己待人寬。見惡避若浼，
見善共相歡。一諾九鼎重，得失非所患。
不將重利剝，不作貪污官。行善邀福澤，
長如磐石安。

在 蔣公的人生理想中，眞、善、美是兼收並蓄的。因爲，他的哲學，導源於孔孟，是仁的哲學，而仁是由眞、善、美滙合而成的。眞，是仁的根源。美，是仁在流動發揚時的姿態。但是，無可否認的，仁的核心是在於善。這是爲什麼　蔣公卽在討論文藝時，也永遠不能忘懷於善。孔子曾說：

志於道，據於德，依於仁，游於藝。（論語述而）在這裏，「道」是指的「眞」，「德」與「仁」是指的「善」，而「藝」是代表「美」。這四句話是一氣呵成的，可以代表孔子整體的人生理想，但是這個理想的中心，顯然是在於善。至於美的重要性，有子說得最妙：「禮之用，和爲貴，先王之道斯爲美。」（論語學而）觀此可見善是體，而美是用。我想這也就是　蔣公的倫理思想。

在哲學上，　蔣公主張知行合一。同樣，在宗教上，他主張「信仰與行動合一」。單憑讀經，祈禱，唱詩，做禮拜，獻聖祭，還不能算是眞正的虔誠。當然，這些工作，也是重要的，但是更重要的是在日常待人接物時的行爲上，能實踐修己愛人的誡命。良善的行爲和高尙的品格，才是宗敎信仰的果實。耶穌曾說：

「嘉木皆生嘉實，惡木必結惡果。……故曰，視其果可以辨之也。」（馬太七章十七至二十節）

耶穌又說：

「凡呼『吾主，吾主』之人，未必盡進天國；惟奉行我天父之意旨者，始得進焉。」（同上七章二十一節）

可見 蔣公之「行的哲學」與基督的實踐精神，是完全一致的。宗教與道德脫節，是人類進化的最大阻力。宗教沒有道德，是空洞而虛僞的。道德沒有宗教，是沒有活力的，而且易於陷入自以爲是，凝滯不化的狀態。 蔣公主張以倫理充實宗教，以宗教促進倫理。依我的愚見，這是他對於人生哲學最重要的貢獻。

九、救苦救難與受苦受難

一個人如果要救苦救難，自己必先受苦受難。耶穌基督既是人類的救主，所以祂所受的苦難，不是任何人所能比擬的。苦難的來由，不外乎三個淵源：（一）由於自己的罪惡；（二）由於上天的訓練；（三）由於替人贖罪。耶穌自身是沒有罪的，所以在這裏也談不到第一個淵源。至於第二與第三個淵源，聖保羅說得最爲透徹：

「基督在世之日，大聲疾呼，涕淚漣如，哀求全能者拯之出死，卒以其克懷寅畏，而蒙垂聽。夫基督聖子也，猶須備嚐艱辛，身體孝道，迨其純全無缺，乃成永救之源，俾凡

歸順之者，咸得被澤而獲濟焉。（致希伯來人書第五章七至九節）

夫既有上徹諸天之天主聖子耶穌，作吾人之大司祭，吾人豈可不堅守教義，始終不渝乎？且吾人之所有，非一不能體恤吾人荏弱之大司祭也。彼實身歷百般磨練一如吾人，第無罪耳。是故吾人儘可拓開心胸，從容自在，趨近慈恩座前，俾蒙憐恤，而獲及時之恩佑也。」（同上第四章十四至十六節）

不要說耶穌基督這樣偉大的使命，即使較小的使命，上天也要把受命者徹底的訓練一番，就像孟子說：

故天將降大任於是人也，必先苦其心志，勞其筋骨，餓其體膚，空乏其身，行拂亂其所爲，所以動心忍性，增益其所不能。（孟子告子下）

對於這段文字， 蔣公是非常注重的（見經國先生所著「負重致遠」第七八頁）於此可見 蔣公早有了心理上與哲學上的準備，去接受耶穌受難的教訓與意義了。

至於代人受過，替人贖罪的思想，雖跡近玄妙，但在我國的古籍中，也不是絕對沒有。尚書湯誥裏，就有這樣的一段訓示：

惟皇上帝，降衷于下民，若有恆性，克綏厥猷惟后。……天道福善禍淫，降災于夏。

……上天孚佑下民，罪人黜伏，天命弗僭。……各守爾典，以承天佑。爾有善，朕弗敢蔽。罪在朕躬，弗敢自赦，惟簡在上帝之心。其爾萬方有罪，在予一人。予一人有罪，無以爾萬方。（論語堯曰章引作「朕躬有罪，無以萬方。萬方有罪，罪在朕躬。」文字雖有出入，意思卻並沒有走樣。）

萬方有罪，罪在朕躬！這是何等偉大的懷抱呵！又如老子道德經也說：

是以聖人云：「受國之垢，是謂社稷主。受國之不祥，是爲天下王。」正言若反。（第七十八章）

道德經又說：

古之所以貴此道者何？不曰以求得，有罪以免耶？故爲天下貴。（第六十二章）

這些慧識洞見，簡直可以說是聖經十字架哲學的先聲或預示！

聖詠裏有好幾首是直接預告基督的苦難的。對於它們，蔣公寄予了神人性的同情（empathic sympathy），尤其是第二十二首（受天下之垢）。這首聖詠是很長的，在這裏我們祇能摘錄一小部分：

主兮主兮，胡爲棄我如遺？發呻吟於危急兮，何惠音之遲遲。朝籲主而不應兮，暮惆悵而無依。然主固爲吾族之所口碑兮，信義夙昭著乎歌詩。稽先人之遐迹兮，孰不托聖澤而優游。但聞求主而見救兮，焉有倚主而承羞。惟予乃蚯蚓而非人兮，爲衆人所唾棄而受天下之垢。覩予者皆大施其嘲弄兮，莫不反其脣而搖其首。曰彼旣托命於天主兮，應蒙天主之援手。苟爲天主之所愛悅兮，當見天主之營救。

惡犬環縈兮，羣小蜂聚。洞鑿吾之手足兮，骨森森其可數。衆人旁觀兮，慶災禍之及予。分我外衣兮，鬮我內服。

還有第六十九首（孤憤）裏，也有好幾處地方是　蔣公所特別圈出來的，玆特節錄於下：

夫予之蒙恥而受辱兮，非爲主之故乎。卽吾同胞之兄弟兮，亦因是而視予爲陌路。爲愛護聖宅而焦心如焚兮，一腔熱血。爲主而任勞任怨兮，身成衆矢之的。世人見予含淚而守齋兮，譽咭咭然而非之。見予披麻以爲衣兮，復振振焉而嗤之。閒人坐於城門而以予爲談資兮，酒徒亦將予編入醉後之歌詞。

旣誣予以攘物兮，又責予以返償。

天主固知予之窘狀兮，一身受垢而蒙辱。吾敵無數兮，悉在爾目。飽受侮辱兮腸斷，幽憤填膺兮神昏。舉目無親，誰與同情。欲求相慰，闃其無人。

予旣受爾之懲創兮，羣小又悻悻然而相向。幸災而樂禍兮，加新痛於舊傷。

這兩首聖詠，預示耶穌的蒙難情形，歷歷如畫，無怪　蔣公極爲感動。因爲　蔣公是以赤子之心信仰耶穌的，正如經國先生所說：

家父是忠實的革命者，亦是虔誠的基督徒，信仰基督教，最堅定，最徹底，亦最赤誠。

（「負重致遠」第二頁）

蔣公在三十六年耶穌聖誕節廣播詞中曾說：

我們現在所紀念的耶穌基督，祂對於人世痛苦的理解，古往今來，無人可以與之比擬。祂的一生，受到最嚴重的迫害。祂曾被其國人侮辱，曾被其親友唾棄。如果以世俗成敗的標準去衡量，基督在人世的事業，可以說是最大的失敗。然而祂最後的成功何等偉大，祂在公理正義上戰勝那些迫害祂、毁謗祂的敵人，又是何等輝煌！我們現在知道：祂的力量就是從這樣被熬煎鍛鍊和奮鬪犧牲中孳生出來的。

蔣公又說：

綜耶穌一生，無日不在蒙難期間，其堅苦卓絕，博愛慈祥之精神，徹始徹終，未嘗稍懈，而余所得之教訓，要亦以此爲最大。（二十六年耶穌蒙難節證道詞）

蔣公從耶穌蒙難的敎訓上，深切地了悟人生的眞意義。他說：

許多人以爲人生必須否定了死亡，才有生命，基督教却是承認死亡的事實，然後勝過死亡，而得到永生。……所以真正的基督徒，決沒有悲觀，也沒有頹喪。只憑着上帝的靈性（仁愛）和基督的信仰，就在失望當中產生希望，在黑暗當中發出光明，在道德崩潰的四周中，維持其道德力量，在邪惡世界、黑暗時代的生命競爭中，乃得勝過死亡而有餘了。（四十七年耶穌受難節證道詞）

觀此可見　蔣公的悅樂精神，是穩固地建立在認識和體驗苦痛的價値與意義之上。他心裏懷着悲天憫人的萬古之愁，而同時卻擁有日新又新的永恒之樂。

中華文化與三民主義

一、導言

今天欣逢　國父誕辰，同時又是中華文化復興節。經熊奉命報告，題目是「中華文化與三民主義」，想同各位談談兩者之間的微妙關係，請各位多多指教。

記得十三年前的今天，值　國父一百晉一誕辰，適逢建於陽明山中山樓的中華文化堂落成，總統　蔣公親臨主持，發表紀念文，並應各界人士之建議，明定　國父誕辰紀念日爲中華文化復興節。在那篇紀念文中，　蔣公說：

「余篤信倫理、民主、科學，乃是三民主義思想之本質，亦卽爲中華民族傳統文化之基石也。蓋　國父建國之道，乃以倫理爲誠正修齊之本；以民主爲福國淑世之則；以科學爲正德、利用、厚生之實；是以三民主義之思想，乃以天地萬物一體之仁爲中心，即所謂性之德也，合內外之道也，故時措之宜也。」

本人認爲　蔣公那篇紀念文，是有劃時代的重要性，因爲在那天以前，一般人對於三民主義與中華文化之間的密切關係，不甚瞭解；自那天以後，在國人的心目中，三民主義與中華文化是永遠連在一起了。我們可以用一個比喻來說：中華文化是母，而三民主義是子，子既長成，轉而反哺其母，這母與子的關係，是不能分離的。這個關係，可以借用老子的話來說明：「既得其母，以知其子，既知其子，復守其母，沒身不殆。」（道德經第五十二章）換言之，中華文化與三民主義是互相發明，互相充實的。

二、道德史觀

上節我們已引證　蔣公之言：「三民主義之思想，乃以天地萬物一體之仁爲中心。」值得注意的，是　蔣公亦曾說過：「中國的正統哲學，只是一個仁字，不過其仁要在能行。」（軍事教育與教育制度之提示）仁是人之所以爲人之道理，也就是一切德目之總名。所以，以仁爲文化的中心，和主義的中心，這個看法，可名之曰「道德史觀」。這與 國父所說：「有道德始有國家有道德始成世界」的名言，是完全吻合的。本人認為這兩句話，是道德史觀最明確的揭示。

總之，中華文化的哲學基礎，不是唯物史觀，也不是唯心史觀，乃是道德史觀，孔子曾說：「道二：仁與不仁而已矣。」（孟子所引，見離婁上）仁是活路，不仁是死路。仁是順天的，不仁是逆天的。逆天的雖風行一時，終歸滅亡；順天的雖一時憂患重重，然終歸亨通興旺，且能長治久安。這是中華民族的共同信仰，也是三民主義的哲學基礎。因此，我們可以說：道德史觀乃是中華文化和三民主義之間血緣之所在。

現在我們可分民族民權民生三部分來討論這個主題。

三、民族主義中的道德史觀

在民族主義裏， 國父強調，我們應該保全而且發揚光大我們的固有道德。 國父對於忠孝仁愛信義和平八德之闡釋與發揮，是一部極為完備的倫理學。對於大學之道， 國父指出，我們如要齊家、治國、平天下，必須從方寸之地做起，就是從內心做到世界。可見 國父的政治理想，與孔子的「修己以安百姓」實屬同一個模型。

依 國父的看法，道德是中華民族的靈魂。因此，我們的民族主義與過去西洋的民族主義，是不可同日而語的。西洋的民族主義是短見的，只管自己國家的利益，而以他國爲侵略與剝削的對象。我們的民族主義，是但求與他國平等相處，和平互助，以期邁向大同。所以 國父強調，中華民族在世界上是有莫大使命的。他說：

「現在世界列強所走的路是滅人國家的，如果中國強盛起來，也要去滅人國家，也去學列強的帝國主義，走相同的路，便是蹈他們的覆轍；所以我們要先決定一種政策，要濟弱扶傾，才是盡我們民族的天職。」（民族主義第六講）

蔣公繼承 國父遺志，卽在抗戰的時候，已能高瞻遠矚，一心以世界長久和平爲懷。我們但須引證 蔣公日記一則，已可窺見其如何深謀遠慮了：

「改造戰後國際形勢與求得長久和平，必須以發展博愛與公義之德性爲基礎，尤應注重精神哲學之提倡，如徒限制軍備，則非根本之道。」（民國三十一年三月二十一日）

後來抗戰勝利， 蔣公一心要爲全世界人類開萬世太平的始基，所以對敵人不計舊惡，以博愛代替仇恨，以免將來國際間的冤冤相報，發揚了光芒萬丈的王道精神。世人皆稱 蔣公寬大爲懷。不錯， 蔣公確實是寬大的，但我們更要瞭解， 蔣公的寬大，是具有民族主義之背景，而以世界大同爲其遠景。所以，他的寬大，不僅僅乎是慈善家的寬大，乃是一位極偉大政治家的寬大。

所可惜的，當時在所謂世界四大巨人之中，只有　蔣公一人是眞正的政治家，其餘三人，都是政客。因此，　蔣公當時孤掌難鳴，而我們大家所瞻望的聯合國，在未出世以前，早已變質了。

但是　蔣公從來沒有感到絕望和沮喪。因爲　蔣公對正義和平的最後勝利，是具有不可搖動的信心。至於實現的時間早一點或遲一點，是在冥冥中的主宰之手中，或許比人們所希望的，還要早一些，也是可能的。我們所能做的，就是自强不息地向光復大陸與實現大同的目標努力。

四、民權主義中之道德史觀

在民權主義中，　國父指示我們，個人的自由，絕對不是漫無限制，漫無範圍的。我們切勿以自由爲名，而行其放縱恣肆之實。個人自由，是以他人的自由與大眾的福利和國家的安全爲限制與範圍。　國父認爲中國人向來並不缺乏自由，倒是缺乏團體精神，以致外人譏笑我們爲一片散沙。我們要救中國，大家必須嚴守紀律，愛護法治。要建立民主制度，更須有克己自制的道德素養。

當然，民權主義，是重視人權的。但是要知道，民權主義，是和西洋的個人主義不同的。個人主義是偏重權利的，而民權主義則以「權義相對論」爲基礎，正如 蔣公說的：

「權利與義務，或權力與責任是對等的，所以個人應該主張正當的權利，同時必須履行相等的義務，個人應該行使正當的權力，同時必須承擔相等的責任，絕不可只享權利，不盡義務，只爭權力，不負責任。」（行憲十週年講詞）

五、民生主義中之道德史觀

國父對世界學術上最偉大的貢獻之一，是在他有他自己的進化論。大家都知道，達爾文認爲生存競爭，優勝劣敗之原則，普遍地支配着生物的進化，不分動物與人類。反之，克魯泡特金則說進化的原則，也不分動物與人類，乃是互助，而不是競爭。國父找到了一個折衷的看法。依國父的觀察，人類之進化原則，與物種之進化原則，是顯然不同的。他說：「物種以競爭爲原則，人類則以互助爲原則。社會國家者，互助之體也，道德仁義者，互助之用也。人類順此原則則昌，不順此原則則亡。」（孫文學說第四章）這節話可說是 國父所發明的自然法，也是道德史觀最顯著的表示。

國父的道德史觀，可於他的手訂本三民主義中，窺見一二。他說：

「物質不能做人類生活的止境，不能飽足人類的慾望。人類除了物質之外，更有無上的要求，這種要求就是高尚道德，有了物質，又有高尚道德，才能夠完全人類的生活。」

國父也曾對他的好友林百克法官說：

「民生是一種道德上的努力，而不是階級間的鬥爭。」

「我再强調說，民生便是一種倫理力，是運用倫理的方式，使各階級和諧合作，而絕不是使各階級互相仇視而益形分裂。在三民主義中，尤其是民生主義中，這種仇視的態度是絕對要不得的。」(Paul Myron W. Linebarger, *Conversations With Sun Yat-sen. In manuscript*)

蔣公是同　國父心心相印的。他所手著的「民生主義育樂兩篇補述」是對三民主義與中華文化最重要的貢獻。我們在這個復興基地所成就關於民生的種種輝煌建設，大都是以育樂兩篇為藍本的。

六、結　語

各位同胞！祇有中華文化能產生三民主義，也祇有三民主義能救中國。　國父和　蔣公都是偉大的先知先覺。我們這一代的中國人，必須以他們的知爲知、他們的覺爲覺，大家在蔣總統經國先生英明睿智領導之下，一心一德、團結一致，向光輝燦爛的明天勇猛前進，而把我們已經享受到的三民主義的福祉帶給大陸同胞。這就是我們的歷史使命！

最後，恭祝各位健康快樂！謝謝各位。

中華民國六十八年十一月十二日
紀念 國父誕辰暨慶祝
中華文化復興節大會專題演講

滄海叢刊書目

書名	作者
國學類	
中國學術思想史論叢(一)~(八)	錢　穆　著
現代中國學術論衡	錢　穆　著
兩漢經學今古文平議	錢　穆　著
宋代理學三書隨劄	錢　穆　著
先秦諸子繫年	錢　穆　著
朱子學提綱	錢　穆　著
莊子纂箋	錢　穆　著
論語新解	錢　穆　著
哲學類	
文化哲學講錄(一)~(五)	鄔昆如　著
哲學十大問題	鄔昆如　著
哲學的智慧與歷史的聰明	何秀煌　著
文化、哲學與方法	何秀煌　著
哲學與思想	王曉波　著
內心悅樂之源泉	吳經熊　著
知識、理性與生命	孫寶琛　著
語言哲學	劉福增　著
哲學演講錄	吳　怡　著
後設倫理學之基本問題	黃慧英　著
日本近代哲學思想史	江日新　譯
比較哲學與文化(一)(二)	吳　森　著
從西方哲學到禪佛教——哲學與宗教一集	傅偉勳　著
批判的繼承與創造的發展——哲學與宗教二集	傅偉勳　著
「文化中國」與中國文化——哲學與宗教三集	傅偉勳　著
從創造的詮釋學到大乘佛學——哲學與宗教四集	傅偉勳　著
中國哲學與懷德海	東海大學哲學研究所主編
人生十論	錢　穆　著
湖上閒思錄	錢　穆　著
晚學盲言(上)(下)	錢　穆　著
愛的哲學	蘇昌美　著
是與非	張身華　譯
邁向未來的哲學思考	項退結　著

現代藝術哲學	孫　旗　譯
現代美學及其他	趙天儀　著
中國現代化的哲學省思	成中英　著
不以規矩不能成方圓	劉君燦　著
恕道與大同	張起鈞　著
現代存在思想家	項退結　著
中國思想通俗講話	錢　穆　著
中國哲學史話	吳怡、張起鈞　著
中國百位哲學家	黎建球　著
中國人的路	項退結　著
中國哲學之路	項退結　著
中國人性論	臺大哲學系主編
中國管理哲學	曾仕強　著
孔子學說探微	林義正　著
心學的現代詮釋	姜允明　著
中庸誠的哲學	吳　怡　著
中庸形上思想	高柏園　著
儒學的常與變	蔡仁厚　著
智慧的老子	張起鈞　著
老子的哲學	王邦雄　著
逍遙的莊子	吳　怡　著
莊子新注（內篇）	陳冠學　著
莊子的生命哲學	葉海煙　著
墨家的哲學方法	鍾友聯　著
韓非子析論	謝雲飛　著
韓非子的哲學	王邦雄　著
法家哲學	姚蒸民　著
中國法家哲學	王讚源　著
二程學管見	張永儁　著
王陽明——中國十六世紀的唯心主義哲學家	張君勱原著、江日新中譯
王船山人性史哲學之研究	林安梧　著
西洋百位哲學家	鄔昆如　著
西洋哲學十二講	鄔昆如　著
希臘哲學趣談	鄔昆如　著
近代哲學趣談	鄔昆如　著
現代哲學述評(一)	傅佩榮編譯

當代西方哲學與方法論	臺大哲學系主編
人性尊嚴的存在背景	項退結編著
理解的命運	殷鼎著
馬克斯・謝勒三論	阿弗德・休慈原著、江日新譯
懷海德哲學	楊士毅著
洛克悟性哲學	蔡信安著
伽利略・波柏・科學說明	林正弘著
宗教類	
天人之際	李杏邨著
佛學研究	周中一著
佛學思想新論	楊惠南著
現代佛學原理	鄭金德著
絕對與圓融——佛教思想論集	霍韜晦著
佛學研究指南	關世謙譯
當代學人談佛教	楊惠南編著
從傳統到現代——佛教倫理與現代社會	傅偉勳主編
簡明佛學概論	于凌波著
圓滿生命的實現（布施波羅密）	陳柏達著
薝蔔林・外集	陳慧劍著
維摩詰經今譯	陳慧劍譯註
龍樹與中觀哲學	楊惠南著
公案禪語	吳怡著
禪學講話	芝峯法師譯
禪骨詩心集	巴壺天著
中國禪宗史	關世謙著
魏晉南北朝時期的道教	湯一介著
社會科學類	
憲法論叢	鄭彥棻著
憲法論衡	荊知仁著
國家論	薩孟武譯
中國歷代政治得失	錢穆著
先秦政治思想史	梁啟超原著、賈馥茗標點
當代中國與民主	周陽山著
釣魚政治學	鄭赤琰著
政治與文化	吳俊才著
中國現代軍事史	劉馥著、梅寅生譯
世界局勢與中國文化	錢穆著

中華文化十二講	錢　穆　著
民族與文化	錢　穆　著
楚文化研究	文崇一　著
中國古文化	文崇一　著
社會、文化和知識分子	葉啟政　著
儒學傳統與文化創新	黃俊傑　著
歷史轉捩點上的反思	韋政通　著
中國人的價值觀	文崇一　著
紅樓夢與中國舊家庭	薩孟武　著
社會學與中國研究	蔡文輝　著
比較社會學	蔡文輝　著
我國社會的變遷與發展	朱岑樓主編
三十年來我國人文社會科學之回顧與展望	賴澤涵　編
社會學的滋味	蕭新煌　著
臺灣的社區權力結構	文崇一　著
臺灣居民的休閒生活	文崇一　著
臺灣的工業化與社會變遷	文崇一　著
臺灣社會的變遷與秩序(政治篇)(社會文化篇)	文崇一　著
臺灣的社會發展	席汝楫　著
透視大陸	政治大學新聞研究所主編
海峽兩岸社會之比較	蔡文輝　著
印度文化十八篇	糜文開　著
美國的公民教育	陳光輝　譯
美國社會與美國華僑	蔡文輝　著
文化與教育	錢　穆　著
開放社會的教育	葉學志　著
經營力的時代	青野豐作著、白龍芽　譯
大眾傳播的挑戰	石永貴　著
傳播研究補白	彭家發　著
「時代」的經驗	汪琪、彭家發　著
書法心理學	高尚仁　著

史地類

古史地理論叢	錢　穆　著
歷史與文化論叢	錢　穆　著
中國史學發微	錢　穆　著
中國歷史研究法	錢　穆　著
中國歷史精神	錢　穆　著

國史新論	錢　　穆　著
秦漢史	錢　　穆　著
秦漢史論稿	邢　義　田　著
與西方史家論中國史學	杜　維　運　著
中西古代史學比較	杜　維　運　著
中國人的故事	夏　雨　人　著
明朝酒文化	王　春　瑜　著
共產國際與中國革命	郭　恒　鈺　著
抗日戰史論集	劉　鳳　翰　著
盧溝橋事變	李　雲　漢　著
老臺灣	陳　冠　學　著
臺灣史與臺灣人	王　曉　波　著
變調的馬賽曲	蔡　百　銓　譯
黃帝	錢　　穆　著
孔子傳	錢　　穆　著
唐玄奘三藏傳史彙編	釋　光　中　編
一顆永不殞落的巨星	釋　光　中　著
當代佛門人物	陳　慧　劍編著
弘一大師傳	陳　慧　劍　著
杜魚庵學佛荒史	陳　慧　劍　著
蘇曼殊大師新傳	劉　心　皇　著
近代中國人物漫譚・續集	王　覺　源　著
魯迅這個人	劉　心　皇　著
三十年代作家論・續集	姜　　穆　著
沈從文傳	凌　　宇　著
當代臺灣作家論	何　　欣　著
師友風義	鄭　彥　棻　著
見賢集	鄭　彥　棻　著
懷聖集	鄭　彥　棻　著
我是依然苦鬥人	毛　振　翔　著
八十憶雙親、師友雜憶(合刊)	錢　　穆　著
新亞遺鐸	錢　　穆　著
困勉強狷八十年	陶　百　川　著
我的創造・倡建與服務	陳　立　夫　著
我生之旅	方　　治　著
語文類	
中國文字學	潘　重　規　著

中國聲韻學	潘重規、陳紹棠 著
訓詁通論	吳孟復 著
翻譯新語	黃文範 著
詩經研讀指導	裴普賢 著
陶淵明評論	李辰冬 著
鍾嶸詩歌美學	羅立乾 著
杜甫作品繫年	李辰冬 著
杜詩品評	楊慧傑 著
詩中的李白	楊慧傑 著
司空圖新論	王潤華 著
詩情與幽境——唐代文人的園林生活	侯迺慧 著
唐宋詩詞選——詩選之部	巴壺天 編
唐宋詩詞選——詞選之部	巴壺天 編
四說論叢	羅盤 著
紅樓夢與中華文化	周汝昌 著
中國文學論叢	錢穆 著
品詩吟詩	邱燮友 著
談詩錄	方祖燊 著
情趣詩話	楊光治 著
歌鼓湘靈——楚詩詞藝術欣賞	李元洛 著
中國文學鑑賞舉隅	黃慶萱、許家鶯 著
中國文學縱橫論	黃維樑 著
蘇忍尼辛選集	劉安雲 譯
1984	GEORGE ORWELL原著、劉紹銘 譯
文學原理	趙滋蕃 著
文學欣賞的靈魂	劉述先 著
小說創作論	羅盤 著
借鏡與類比	何冠驥 著
鏡花水月	陳國球 著
文學因緣	鄭樹森 著
中西文學關係研究	王潤華 著
從比較神話到文學	古添洪、陳慧樺主編
神話即文學	陳炳良等譯
現代散文新風貌	楊昌年 著
現代散文欣賞	鄭明娳 著
世界短篇文學名著欣賞	蕭傳文 著
細讀現代小說	張素貞 著

書名	作者
現代詩學	蕭　蕭　著
詩美學	李元洛　著
詩學析論	張春榮　著
横看成嶺側成峯	文曉村　著
大陸文藝論衡	周玉山　著
大陸當代文學掃瞄	葉穉英　著
走出傷痕——大陸新時期小說探論	張子樟　著
兒童文學	葉詠琍　著
兒童成長與文學	葉詠琍　著
增訂江皋集	吳俊升　著
野草詞總集	韋瀚章　著
李韶歌詞集	李　韶　著
石頭的研究	戴　天　著
留不住的航渡	葉維廉　著
三十年詩	葉維廉　著
讀書與生活	琦　君　著
城市筆記	也　斯　著
歐羅巴的蘆笛	葉維廉　著
一個中國的海	葉維廉　著
尋索：藝術與人生	葉維廉　著
山外有山	李英豪　著
葫蘆・再見	鄭明娳　著
一縷新綠	柴　扉　著
吳煦斌小說集	吳煦斌　著
日本歷史之旅	李希聖　著
鼓瑟集	幼　柏　著
耕心散文集	耕　心　著
女兵自傳	謝冰瑩　著
抗戰日記	謝冰瑩　著
給青年朋友的信(上)(下)	謝冰瑩　著
冰瑩書柬	謝冰瑩　著
我在日本	謝冰瑩　著
人生小語(一)～(四)	何秀煌　著
記憶裏有一個小窗	何秀煌　著
文學之旅	蕭傳文　著
文學邊緣	周玉山　著
種子落地	葉海煙　著

向未來交卷	葉海煙 著
不拿耳朶當眼睛	王讚源 著
古厝懷思	張文貫 著
關心茶——中國哲學的心	吳　怡 著
放眼天下	陳新雄 著
生活健康	卜鐘元 著
美術類	
樂圃長春	黃友棣 著
樂苑春回	黃友棣 著
樂風泱泱	黃友棣 著
談音論樂	林聲翕 著
戲劇編寫法	方　寸 著
戲劇藝術之發展及其原理	趙如琳譯著
與當代藝術家的對話	葉維廉 著
藝術的興味	吳道文 著
根源之美	莊　申 著
中國扇史	莊　申 著
立體造型基本設計	張長傑 著
工藝材料	李鈞棫 著
裝飾工藝	張長傑 著
人體工學與安全	劉其偉 著
現代工藝概論	張長傑 著
色彩基礎	何耀宗 著
都市計畫概論	王紀鯤 著
建築基本畫	陳榮美、楊麗黛 著
建築鋼屋架結構設計	王萬雄 著
室內環境設計	李琬琬 著
雕塑技法	何恆雄 著
生命的倒影	侯淑姿 著
文物之美——與專業攝影技術	林傑人 著